高等职业教育十二五规划教材

高职高专旅游类专业精品教材

饭店服务基本功实训
（第2版）

· 贾海芝 编著

清华大学出版社
北京

内 容 简 介

饭店服务基本功实训是饭店服务与管理专业教学的重要组成部分。本书涵盖了饭店基本服务技能,共分为八篇:礼仪基本功、前厅服务基本功、客房服务基本功、餐饮服务基本功、调酒基本功、茶艺基本功、插花基本功、英语口语基本功,为饭店管理专业与旅游管理专业学生必备的专业基本功实训内容,同时,各篇还可用于配合相应课程的实训教学。

本书从"训练目标"、"准备工作"、"操作程序"、"训练方法"、"训练要求"、"操作要求"、"标准要求"、"训练程序"、"模拟练习"、"情景模拟"、"操作练习"、"考核标准"几方面组织实训内容,学生按步骤领会操作要领,进行模拟训练;教师按要求对学生进行技能指导和考核。

本教程适用于高职院校饭店管理专业与旅游管理专业的学生进行职业技能训练,也可作为饭店员工培训、国家职业技能鉴定的培训用书。

图书在版编目(CIP)数据

饭店服务基本功实训/贾海芝编著.—2版.—北京:清华大学出版社,2012.10(2018.8重印)
(高职高专旅游类专业精品教材)
ISBN 978-7-302-29556-3

Ⅰ.①饭… Ⅱ.①贾… Ⅲ.①饭店-商业服务-高等职业教育-教材　Ⅳ.①F719.2

中国版本图书馆CIP数据核字(2012)第170610号

责任编辑:刘士平
封面设计:宋　彬
责任校对:袁　芳
责任印制:杨　艳

出版发行:清华大学出版社
网　　　址:http://www.tup.com.cn,http://www.wqbook.com
地　　　址:北京清华大学学研大厦A座　　　　邮　　编:100084
社 总 机:010-62770175　　　　　　　　　　　邮　　购:010-62786544
投稿与读者服务:010-62776969,c-service@tup.tsinghua.edu.cn
质量反馈:010-62772015,zhiliang@tup.tsinghua.edu.cn
印 装 者:北京建宏印刷有限公司
经　　销:全国新华书店
开　　本:185mm×260mm　　　印　　张:16　　　字　　数:361千字
版　　次:2008年4月第1版　2012年10月第2版　印　　次:2018年8月第3次印刷
定　　价:32.00元

产品编号:048686-01

高职高专旅游类专业精品教材
编审委员会

本书第 1 版对饭店职业技能训练提供了较为详尽、系统的操作依据,尤其对指导学生进行情景模拟练习提供了规范的言语范本,对提高学生的言语表达能力、动手操作能力有很大的帮助。因此,自 2008 年出版以来,受到了广大使用者的好评。

为了使本书更加完善,进一步增强其实用性、适用性、可操作性,真实客观地反映饭店对客服务的需要,我们继续本着"以就业为导向,以能力为本位,以学生为主体"的编写指导思想,在保持原书的框架结构的同时,贯穿"日常训练、技能考核、技能竞赛"这一修改主线,再经过深入饭店广泛调研以及自身使用过程中的体会,对本书在第 1 版的基础上进行修改、补充、删减、完善。对部分项目通过配图的形式使读者易看易懂。在修改过程中,通过增加每类基本功训练结束后的考试标准,使师生能够通过考核,对技能的掌握情况做到心中有数,扬长避短。另外,在书后附加了全国旅游院校技能(饭店服务)大赛的竞赛规则及评分标准,以便于日常训练与大赛要求紧密结合,为职业院校学生参加职业技能大赛奠定坚实的基础。

修订后的《饭店服务基本功实训》更加突出以下特点。

(1)可操作性:每项技能操作步骤清晰、规范,有些项目图文并茂、易学易练,在本书指导下,还能够自学自练。

(2)实用性:更加贴近真实的饭店对客服务,符合饭店操作需要,规范化、程序化、标准化,对提高饭店服务技能及服务质量有实际指导意义。

(3)全面性:涵盖的饭店服务技能全面,不仅能指导每项技能如何操作,还有相应的考核标准,方便对训练结果进行检查。

(4)适用性:本书既适用于职业院校饭店管理专业与旅游管理专业学生日常技能训练、考核,也适用于旅游企业培训员工及考取饭店类职业技术资格证书,还适用于指导职业院校学生参加全国职业技能大赛。

贾海芝负责本次修订工作,并对礼仪基本功、前厅服务基本功、餐饮服务基本功、调酒基本功进行修改;张彩霞、盖文、王春霞、谭敏娜分别就客房服务基本功、茶艺基本功、插花基本功、英语口语基本功进行修改。

在修订过程中我们参阅了许多最新相关饭店服务书目及新版教材,还得到了饭店专家的指导与帮助,在此一并表示衷心的感谢。尽管我们做了很多努力,但本书一定还存在着欠缺,敬请同行及读者批评指正。

编　者
2012 年 8 月

根据"十一五"期间职业教育发展、改革的要求,职业院校应以服务为宗旨、以就业为导向,培养具有一定职业技能、高素质的技能型人才。

为此,切实提高学生的实践能力和职业素养,是职业院校的教学重点;是培养技能型人才的关键;也是职业教育的本质所在。

那么,饭店管理专业、旅游管理专业如何加强实践性教学环节,培养出受企业欢迎的、具有良好职业素养和实践应用能力的应用型人才呢? 这是目前饭店管理专业、旅游管理专业教学亟待解决的重要课题。

实训教学是培养学生实践能力、形成良好职业素养的最重要的途径。实训教学最能体现人才培养的应用型特色,也是高职高专教育内涵的核心之一,更是饭店管理专业、旅游管理专业教育教学的重要方式之一。

实训不仅是训练学生单一的操作技能,更是一种综合运用知识、技术和技能来完成职业岗位任务的过程,是由一名普通学生到一名具有一定职业技能的职业院校学生,再到具备某一项职业能力的技能型人才的转变过程。在这一过程中,通过技能基本功训练,逐渐形成人际交往能力,动手操作能力,分析问题、解决问题的能力,最终提高实践应用能力,实现与饭店岗位标准要求的零距离,从而使高职院校学生能够快速适应企业和社会的需要。

进行好实训教学,首先得有完善、全面、实用的实训教程。但目前还没有一本完整的、能够涵盖饭店管理专业基本服务技能的、适用于教学的实训指导。

《饭店服务基本功实训》便顺势而生。

本书涵盖了作为一名饭店管理专业的学生必须掌握的饭店服务基本技能。它包括礼仪、前厅服务、客房服务、餐饮服务、调酒、茶艺、插花、英语口语八项基本功,简明、适用、实用,可操作性强。所提供的内容以够用为标准,相关课本中已有的理论知识在本书中不再赘述,以"必需、够用"为度,完全从训练学生技能着手,突出"怎样做"、"达到什么标准",适合高职高专学生的特点,符合高职高专教育人才培养工作的要求,对提高学生的操作能力、实践应用能力有着实际的指导意义,也可为学生考取职业技能资格证书奠定良好的基础。

本书的编写工作由太原旅游职业学院院长王春玲组织,学院饭店管理系的八位"双师型"专业课教师参加,具体分工如下。

王素琴第1篇 礼仪基本功

贾海芝 第2篇　前厅服务基本功

张彩霞 第3篇　客房服务基本功

李静、贾海芝 第4篇　餐饮服务基本功

平海滨 第5篇　调酒基本功

盖文 第6篇　茶艺基本功

王春霞 第7篇　插花基本功

任翠瑜 第8篇　英语口语基本功

在使用本教材时,既可以与各门课程配套进行实践性教学,并且理论与实践的比例应达到5∶5或5∶4;也可以单独开设实训课,供强化训练学生饭店服务基本功所用。

通过实训,饭店管理专业与旅游管理专业的学生在校期间各项技能都应达标,在具备了饭店服务基本功后方可实习(和毕业),以此保障学生积极参与、积极投入到提高自身实践应用能力的实训中去。

本教程编写过程中参考了很多相关著述和文献,在此向作者们表示由衷的感谢!由于编者水平有限,难免存在不足之处,敬请同行和读者批评指正。

编　者

2008 年 2 月

目录

饭店服务
基本功实训
(第2版)

第1篇

礼仪基本功

训练项目一：美容、化妆

▶ 训 练 目 标

通过实训，掌握美容化妆的基本知识；熟悉和掌握美容化妆的基本要领与技能；能够熟练地化出符合饭店标准要求的淡妆；做到仪容美、神态美；培养学生享受美、欣赏美的高尚情操。

本训练项目以女性服务人员的美容、化妆为例。

▶ 准 备 工 作

化妆用具：小面盆、海绵扑、眉夹、眉笔、眼线笔等。

化妆用品：滋润霜、底霜、美容粉、眼影、睫毛膏、腮红、唇膏等。

辅助用品：棉棒、手帕纸、镜子等。

▶ 操 作 程 序

洗净面部及双手→整理眉形→拍滋润霜→打底霜→定妆→画眉→画眼影→画眼线→刷睫毛膏→涂腮红→画口红。

▶ 训 练 方 法

教师首先示范讲解，讲明训练要求及训练时的特别注意事项；将学生 2～5 名分为一组，进行模拟操作、设计练习，教师不断巡视、指导、检查、示范，纠正个别错误，集体讲评一般错误；对妆容达到标准要求的进行点评。

模拟练习

（1）洁面盆中盛装清水，用清洁海绵洗净面部。

（2）使用眉毛夹根据自己的脸形夹去多余的眉毛，使之成型。

（3）拍上滋润霜，并按摩面部，使之完全吸收。

（4）打底霜时最好把海绵扑浸湿，然后用与肤色接近的底霜，轻轻点拍。

（5）用粉扑蘸干粉，轻轻揉开，主要在面部的"T"字形区定妆，余粉定在外轮廓。

（6）使用眉形刷蘸上眉粉（或使用眉笔）轻轻描画，眉峰处色重些。

（7）画眼影时从内眼角开始勾画至外眼角，重点放在外眼角的睫毛根部；然后向上向外逐渐晕染。

（8）紧贴睫毛根，细细地勾画眼线，上眼线外眼角应轻轻上翘。

（9）用睫毛夹紧贴睫毛根部，使之卷曲上翘，然后顺睫毛生长的方向"Z"字形向上刷上睫毛膏。

（10）根据自己的脸形在适当的部位涂抹腮红,时尚晕染的方法一般在颧骨的下方,外轮廓用修容饼修饰。

（11）画口红时,选用亮丽、自然的口红,表现出职业女性的健康与自信。

（12）洗净脸部,反复进行上述操作练习,直到手法熟练、准确到位、干净利落。

❖ 考核标准 ❖

项目	操作卫生	程序正确	手法娴熟	妆容得体	整体印象
分值	2	2	2	2	2

训练项目二：脸形、发式

▶ 训练目标

通过实训,深刻认识发型对一个人整体形象的作用;明确脸形与发式的关系,掌握职业发式的基本要求及操作要领。

本训练项目以女性服务人员的发式为例。

▶ 准备工作

美发用具：喷壶、电吹风、吹发梳、梳子、发夹等。

美发用品：摩丝或定型咖喱、喷发剂等。

辅助用品：橡皮筋。

▶ 操作程序

洗净双手→喷湿头发→梳理刘海→用电吹风整理头顶头发→梳理两侧头发→把头发绾至脑后→固定发型。

▶ 训练方法

教师首先示范讲解,讲明训练要求及训练时的特别注意事项;将学生 3～5 名分为一组,进行模拟操作、设计练习,教师不断巡视、指导、检查、示范,纠正个别错误,集体讲评一般错误;对发型达到标准要求的进行点评。

‖ 模拟练习 ‖

1. 圆脸短发

将头发喷湿,用吹发梳将顶部头发从根部梳起,电吹风对准梳起的头发处,于距离约 2cm 处吹风,使头发蓬松隆起,逐一有序吹风成型后,用头发固定液固定发型。

2. 圆脸长发

将头顶头发喷湿,用吹风机适当吹风,使其蓬松隆起,然后用发卡、头花把头发绾至脑后,最后用头发固定液固定发型。

3. 长脸短发

留刘海,头顶头发稍微蓬松,两侧头发可垂至耳侧,以修饰遮掩长脸。然后用头发固定液固定发型。

4. 长脸长发

留刘海,用发卡、头花把头发绾至脑后,然后用头发固定液固定发型。

5. 瓜子脸形

适合任意发型。最好用发卡、头花把头发绾至脑后,这样更符合职业发型的要求。

❖ 考核标准 ❖

项目	操作娴熟	发型与脸形相配	发型美观	符合职业标准	整体印象
分值	2	2	2	2	2

训练项目三:服饰、着装

▶ 训练目标

通过训练,使学生认识着装对一个人的整体形象以及企业形象的作用,掌握着装的基本知识、要求和技能技巧,掌握"TPO"着装的技能。

▶ 准备工作

准备好训练用具:各种不同的服装、领带、饰品等。

▶ 训练方法

教师首先示范讲解,讲明训练要求及训练时的特别注意事项,讲授基本要领及禁忌;然后学生进行模仿、创意设计训练;教师不断巡视、检查,纠正个别错误,集体讲评一般错误;对着装达到标准要求的进行点评。

▶ 操作要求

1. 身材确认及个案搭配训练

A 型:上身优势下身不足——上紧下松;

Y 型:上身不足下身优势——上宽下收;

X 型:上下不足腰部优势——露脐收腰;

H 型:上下匀称没有不足——各种款式;

O 型:上下不足肥胖宽大——筒状宽松。

2. 领带的系法

(1) 最普遍的系法(单温莎结)

领带绕在颈部,宽端长于窄端→拉住窄端,将宽端沿窄端绕到另一边→将宽端从颈圈上部向下穿过→继续将宽端沿打结处绕到另一边,从颈圈下方向上穿过→将宽端从正面穿过打结处,拉紧、拉直(如图 1-1 所示)。

(2)最严谨的系法(英式结)

领带绕在颈部,宽端长于窄端使两端交叉,宽端在上→拉住窄端,将宽端沿窄端绕一圈至前方→将宽端从下向上穿过颈圈→再将宽端前端穿过打结处,拉紧、拉直(如图 1-2 所示)。

图 1-1　单温莎结　　　　　　　图 1-2　英式结

模拟练习

3～5 名同学为一组,练习设计在不同场合中的着装,并进行展示说明。

(1)正式场合:西装、女士套装的着装规范搭配包括领带的系法训练。

(2)工作场合:职业装的规范着装练习,包括领带的系法训练。

考核标准

项目	操作娴熟	着装规范	服饰搭配	颜色搭配	整体印象
分值	2	2	2	2	2

训练项目四：站姿

▶ 训练目标

通过对规范站姿的实训,使学生掌握站姿的规范要求、基本技能,养成讲究站姿的良好习惯,使学生具有得体的行为举止,培养良好的仪态气质。

▶▶ **标准要求**

　　头正、肩平、目光平视、挺胸收腹、两臂体前交叉、右手握左手手指部分,置于腹前(女)或两手背于胯部交叉(男)、左右手相握、右手在上、双腿并拢、两脚呈"V"字形(女)或两脚分开与肩同宽(男)。

▶▶ **训练方法**

　　教师首先讲解示范操作,学生模仿训练;然后学生两人一组面对面进行训练,并可相互观察点评;教师不断巡视、指导、检查、示范,纠正个别错误,集体讲评一般错误;对站姿达到标准要求的进行点评。

模拟练习

　　(1)采用靠墙壁站立的训练方法,后脑勺靠墙,下巴自然微收;腿膝尽可能绷直,往墙壁贴靠;脚后跟顶住墙,把手塞到腰、墙之间,如果刚好能塞进去就可以了;如果空间太大,可把手一直放在背后,弯下腿,慢慢蹲下去,蹲到一半时,多余的空间就会消失,然后再站直,体会正确直立的感觉——头、背、臀、脚后跟四点一线。

　　动作要领是平、直、高。

　　平:头平正,双肩一样高低,两眼平视对方。

　　直:腰直、腿直;头、背、臀、脚后跟成一条直线。

　　高:重心上提,尽可能使人显高——练习方法是挺胸收腹,脖子上举。

　　为了维持较长时间的站立或稍事休息,标准站姿的脚姿可作变化。

　　① 两脚分开,两脚外沿宽度以不超过两肩的宽度为宜(男)。

　　② 以一只脚为重心支撑站立,另一只脚稍曲以休息,然后轮换。

　　(2)头顶书本、双腿夹纸训练法:按标准站姿站好→坚持 2 分钟→头上顶书→坚持 2 分钟→双膝夹纸→坚持 5 分钟→休息 3 分钟→进入下一轮练习。

❖ **考核标准** ❖

项目	上体正直	双腿规范	双脚规范	双手规范	表情自然	整体印象
分值	2	2	2	2	1	1

训练项目五:走姿

▶▶ **训练目标**

　　通过对各种正确步姿的模拟实训,使学生掌握各种步姿的规范要求和操作技能,纠正不礼貌的走姿,使学生具有得体的行为举止,培养其良好的仪态气质。

▶▶ **标准要求**

（1）行走时，上身保持正直，双肩放松，目光平视，下颌微收，双臂自然摆动，面带微笑。男员工注意双手不宜放在裤子口袋里。

（2）挺胸、收腹、使身体略向上提。

（3）行走时应从容自然。手臂伸直放松，手指自然弯曲，两臂自然摆动。摆动时，以肩关节为轴，上臂带动前臂，摆幅以 30°～35°为宜。男员工步伐矫健、有力，女员工步伐自然、优雅。

（4）步幅以一个脚长为宜，步速保持相对稳定，既不能太快，也不能太慢。

（5）女士行走时，走直线交叉步，男士走两条平行的直线。

（6）行走时不宜左顾右盼，脚步不宜太沉重或发出较大声响。

▶▶ **训练方法**

（1）教师首先讲解示范，然后学生 6～8 人为一组进行操作训练，并相互观察、相互训练、纠错点评，教师指导、检查、示范，纠正个别错误，集体讲评一般错误。

（2）背诵走路的动作口诀：双眼平视，手臂放松，挺胸领动肩轴摆，收髋提膝小腿迈，跟落掌接趾推迭。在此基础上反复对镜训练，相互观察、纠正。

▌ **模拟练习** ▌

1. 前行步

上身基本保持站立的标准姿势，挺胸收腹，腰背笔直；两臂以身体为中心，前后自然摆动。前摆约 35°，后摆约 15°，手掌朝向体内正确地行走，上体的稳定与下肢的频繁规律运动形成对比，动作和谐，干净利落、鲜明均匀的脚步形成节奏感。在向前走时，练习向来宾或同事进行问候。要求协调、昂扬、有朝气、有节奏感。男员工重稳健、力度；女员工重弹性、轻盈。

2. 侧行步

走在客人的左侧前方，左髋部朝着前行的方向，上身稍向右转体，左肩稍前，右肩稍后，侧身向着来宾，保持往前两步至三步的距离。

3. 后退步

起步时身体先后退两步至三步，再转身前行步离去。退步时，脚轻擦地面，步幅小，协调地往后退；转身时，要身先转，头稍后一些转。

4. 平衡性练习

头顶一本书，来回走动时书不掉下来。

应注意纠正以下不良的走姿。

（1）肚子腆起，身体后仰。

（2）脚尖出去方向不正，成明显的外八字脚或内八字脚。

（3）两脚不落在一根线缘上，明显地叉开双脚走。

（4）脚迈大跨步，身子上下摆动，像鸭子一样。

（5）双手左右横着摆动，像小学生走"一二一"。

（6）手臂、腿部僵直或身子死板僵硬。

（7）只摆动小臂。

（8）脚步拖泥带水，蹭着地走。

（9）耷拉眼皮或低着头走。

（10）在正式场合，手插在口袋、双臂相抱、倒背双手。

（11）不因场地而及时调整脚步的轻重缓急，把地板踩得"咚咚"作响。

◈ 考核标准 ◈

项目	上体正直	步速步幅适中	手臂摆动	轻盈稳健	表情自然	整体印象
分值	2	2	2	2	1	1

训练项目六：坐姿

▶▶ 训练目标

通过对优雅坐姿的实训，使学生掌握坐姿的规范要求、动作要领，纠正不良的坐姿习惯，养成讲究坐姿的良好意识，使学生具有得体的行为举止，培养其良好的仪态气质。

▶▶ 标准要求

精神、端正、沉稳、自然、优雅。具体要求如下：上体正直，双腿、双脚、双手姿势规范，落座、起座自然优雅。

▶▶ 训练方法

教师首先讲解示范，然后学生分组进行操作训练，并相互观察点评，教师指导、纠正。要求精神、友好、自然、大方、优雅、轻松。

▶▶ 训练程序

站立→落座→坐式→起座。

▌模拟练习▌

（1）首先站好，全身保持站立时的标准姿态，走至椅子前面，转身，右脚后退半步，弯曲双膝，挺直腰背，从容就座，动作要轻而稳，不宜用力过猛。（正坐）

（2）就座时，不宜将坐椅或沙发坐满，也不宜仅坐在坐椅边上。女员工身着裙装入座时，应先用手将裙子向双腿拢一下。要注意裙子不要被其他东西挂着。

（3）就座后，上身应保持正直而微前倾，头部平正，挺直腰背，双肩放松。

（4）男士就座后，双手可自然放于膝上，或轻放于坐椅扶手上，手心向下，注意手指不要不停地抖动。女士就座后双手交叉放于腿上，手心向下。

（5）就座后，男士双腿可平行分开，但不宜超过肩宽；女士就座后双腿并拢，采用小腿交叉向后或偏向一侧。注意，双腿不可向前直伸。

（6）需要同侧边的人交谈，采用侧坐。将上体与腿同时转向一侧，面向对方，形成"S"形坐姿；或两腿膝部并拢，一脚内收与前腿膝下交叉，两脚一前一后着地，双手稍微交叉于腿上。（侧坐）

（7）起座时要稳重，可右脚后收半步，然后从容站起。

注意纠正、避免以下不良的坐姿。

① 全身完全放松，瘫软在椅子上。

② 两腿伸直而坐。

③ 头仰到沙发或椅子后面，屁股溜到椅子的边缘，腹部挺起。

④ 两腿叉得开开的，尤其女士当忌。

⑤ 把脚架在桌上。

⑥ 弓腰驼背，全身挤成一团。

⑦ 跷起"二郎腿"后，小腿晃晃悠悠。

⑧ 抖动或左右摇晃一条腿或双腿。

⑨ 忽地坐下，腾地站起。

⑩ 落座或起座时，碰到杯子，踢到椅子，弄出声响，打翻东西。

⑪ 使劲拖椅子或拖茶几。

⑫ 与人交谈或答礼时，坐得太深，靠在椅背上。

⑬ 叉开双腿倒骑椅子。

◈◈ 考核标准 ◈◈

项目	上体正直	双腿规范	双脚、双手位置	入座、起座规范	表情自然	整体印象
分值	2	2	2	2	1	1

训练项目七：眼神

▶ 训练目标

通过对体态语眼神的实训，使学生认识到人与人交流中，眼神目光的重要地位；能熟练地掌握和运用眼神的意义与技巧，充分体现其美感。通过对眼神的训练，练就炯炯有神的、神采奕奕的、会说话的眼神；同时，学会用敏锐的眼睛洞察别人的心理。

▶ 标准要求

（1）正视交往对象。

（2）交谈时，注视对方的眼鼻三角区。

（3）把握好看的时间、角度、集中的精力以及内含的情感。

（4）眼神要与交往对象相适应。

（5）眼神要与场合相适应。

▶ 训练方法

教师示范操作，学生模仿训练；教师不断巡视、指导、示范、纠正。

‖ 模拟练习 ‖

1. 配合眉毛和面部表情的眼神训练

眼球转动方向——平视、斜视、仰视、俯视、白眼的训练。

眼皮瞳孔开合大小的训练。

（1）大开眼皮、大开瞳孔——开心、欢畅、惊愕眼神训练。

（2）大开眼皮、小开瞳孔——愤怒、仇恨眼神训练。

（3）小开眼皮、大开瞳孔——欣赏、快乐眼神训练。

（4）小开眼皮、小开瞳孔——算计、狡诈眼神训练。

2. 配合心理活动的眼神训练

例如，"这是你的吗?"用不同的眼神表示愤怒、表示怀疑、表示惊奇、表示不满、表示害怕、表示高兴、表示感慨、表示遗憾、表示爱不释手等。

3. 眼睛扩大的训练

起眉绷眼皮的练习。通过尽力将额肌上提，带动两眼角尾部向上起，眼皮上绷，使眼皮最大限度地打开。

4. 眼睛光亮的训练

通过睁大两眼平视镜中自己的一只眼进行练习。

5. 眼睛灵活度的训练

练习方法是：可先做有目标的练习，然后再做无目标的练习。练习时，头部不动，只用眼睛随目标转动，眼睛转动时，仍要保持绷眼皮。初练时，速度可慢一点，以后再逐渐加快。

自制一个靶环牌，用时可挂在墙上或门上。身体距它 2～3m 处，目光先投向靶的外环，逐渐向内环移动，最后把目光集中在靶心圆点上（圆点不宜画得太大）。这时目光是集中的，眼睛是明亮有神的。

也可用对视法练习。找一位身高一样的同学进行互视，尽量不眨眼，直至掉下眼泪。

◇ 考核标准 ◇

项目	注视位置	注视时间	内含情感	集中精力	灵活自然	表情自然
分值	2	2	2	2	1	1

训练项目八：微笑

▶▶ 训练目标

通过对体态语微笑的实训,使学生能熟练地掌握和运用微笑的基本技巧,充分体现其美感。掌握用亲和的微笑与人交往的基本技能,给对方以美好的心理感受。

▶▶ 标准要求

自然、甜美、发自内心。若要表现出善意的、真诚的、自信的微笑,具体来说需要达到如下要求。

四要:

——要口、眼、鼻、眉、肌结合,做到真笑;

——要神情结合,显出气质;

——要声情并茂,相辅相成;

——要与仪表举止和谐一致,微笑时以露出八颗牙齿为标准。

四不要:

——不要缺乏诚意,强装笑脸;

——不要露出笑容随即收起;

——不要仅为情绪左右而笑;

——不要把微笑只留给上级、朋友等少数人。

▶▶ 训练方法

教师示范操作,学生模仿进行训练;每个人准备一面小镜子,做脸部运动、配合眼部运动,做各种表情训练;教师设置不同的场景、情境,学生分组进行模拟操作训练,并相互观察点评,教师指导纠正。

模拟练习

(1)他人诱导法:同桌、同学之间互相通过一些有趣的笑料、动作引对方发笑。

(2)情绪回忆法:通过回忆自己经历过的往事,幻想自己将要经历的美事引发微笑。忘掉自我和一切烦恼,常回想一些美好的往事,让心中充满爱意。

(3)口型对照法:通过一些相似性的发音口型,找到适合自己的最美的微笑状态。

例如,对着镜子,常说"一"、"茄子"、"呵"、"哈"、"田七"等,使嘴角上翘或微微向上,眉毛上扬,确定使嘴部保持微笑的最佳形状。

(4)习惯性伴笑:强迫自己忘却烦恼、忧虑,假装微笑。时间久了,次数多了,就会改变心里的状态,发出自然的微笑。

(5)牙齿暴露法:笑不露齿是微笑;露上排牙齿是轻笑;露上下八颗牙齿是中笑;张开嘴巴看到舌头是大笑。

（6）暗示法：深呼吸、唱歌或听愉快的歌曲。心理暗示："今天真美、真高兴。"

（7）对镜训练法：做最使自己满意的表情，到离开镜子时也不要改变它。

（8）咬筷练习法：将筷子咬到两齿之间，以上下露出八颗牙齿为准。

❖ 考核标准 ❖

项目	嘴部张开度	口、眼、鼻、眉、肌结合	内含情感	持续时间	面部表情
分值	2	2	2	2	2

训练项目九：手势

▶ 训练目标

通过对日常生活及服务中常见手势语的模拟实训，使学生正确、恰当地使用手势语，掌握其规范要求和基本技能，养成尊人、敬人的礼貌意识，正确地表达思想内涵。

▶ 标准要求

自然优雅，规范适度，符合礼仪。适度是指手势不宜过多，幅度不宜过大。规范就是手势要正确。

▶ 训练方法

教师示范操作，学生情景模仿练习；将学生4～5名分为一组，进行情景模拟操作训练；教师不断巡视、指导、检查、示范，纠正个别错误，集体讲评一般错误。

▍模拟练习▍

（1）"O"形手势。

（2）跷大拇指手势。

（3）"V"形手势，手心向外。

（4）介绍自己的手势。可用手掌轻按自己的左胸，显得端庄、大方、可信。

（5）鼓掌手势。应用右手手掌拍左手掌心，但不要过分用力，时间不要过长。

（6）欢迎手势。可采用"横摆式"手势，手从腹前抬起至横膈膜处，然后以肘关节为轴向右摆动，手与地面呈45°，手心朝向斜上方。脚站成丁字步，左手下垂，目视来宾，面带微笑，礼貌问候。

（7）引领方向手势。可采用"直臂式"手势，脚站成丁字步，五指伸直并拢，手臂的高度与肩同高，肘关节伸直。同时左手下垂，目视来宾，面带微笑，应注意身体要侧向宾客，眼睛要兼顾所指方向。

（8）"里边请"手势。可采用"曲臂式"手势，以右手为例：五指伸直并拢，从身体的侧前方,由下向上抬起,上臂抬至离开身体 45°的高度,然后以肘关节为轴,手臂由体侧向体前向左摆动成曲臂状。

（9）"请坐"手势。可采用"斜式"手势,即要用双手扶椅背将椅子拉出,然后一只手曲臂由前抬起,以肘关节为轴,前臂上下摆动,使手臂向下成一斜线,表示请宾客入座。

（10）"诸位请"手势。如果是面向来宾,可采用"双臂横摆式"手势,即两手从腹前抬起,双手上下重叠,手心朝上,同时向身体两侧摆动,摆至身体的侧前方,上身稍前倾,微笑施礼,然后退至一侧。如果是站在来宾的侧面,可采用"双臂向下一侧横摆放式"手势,即两手从腹前抬起,手心朝上,同时向身体一侧摆动,两手臂之间保持一定的距离。

❖ 考核标准 ❖

项目	规范正确	动作大小适度	自然优雅	语言配合	表情自然
分值	2	2	2	2	2

训练项目十：蹲下拾物

▶ 训 练 目 标

通过对蹲姿的模拟实训,使学生掌握蹲姿的动作要领和技能技巧,注重动作的优美和举止规范得体,给人留下美好的印象。

▶ 标 准 要 求

下蹲取物时,上体尽量保持正直,两腿合力支撑身体,紧靠向下蹲。举止应自然、大方、不造作,体现出蹲姿的优美。

▶ 训 练 方 法

教师首先示范讲解,再讲明训练要求及训练时需要特别注意的事项,然后将两名学生分为一组,进行相互训练纠错,教师不断巡视、指导、检查、示范,纠正个别错误,集体讲评一般错误。

▋ 模拟练习 ▋

（1）下蹲时,采取两脚前后交叉的蹲姿:一脚在前,一脚在后,在前面的脚应全脚着地,后脚脚尖着地,脚跟抬起,双腿下压,上身直立,置重心于后脚之上。

（2）下蹲时,女员工要两腿并紧,如身着裙装,要用手把裙子向双腿拢一下再下蹲。

❖ 考核标准 ❖

项目	上体正直	腿部配合自然	自然优雅	语言得体	表情自然
分值	2	2	2	2	2

训练项目十一：称呼

▶▶ 训练目标

通过对日常生活及人际交往场合中不同对象的称呼礼节的训练,掌握称呼的基本知识和技能技巧,使学生能够根据不同场合、不同对象准确恰当地对交往对象进行称呼,给对方以良好的第一印象。

▶▶ 标准要求

称呼准确,语气亲切、柔和,语速适中,面带微笑,表情自然大方。

▶▶ 训练方法

教师首先示范讲解,讲明训练要求、基本要领、禁忌及训练时的特别注意事项;设置交际场合的介绍、家庭待客、对外接待、正式场合等不同的情景,以 3~4 人为一组进行问候及应答的称呼模拟训练;学生间相互观察点评,教师指导纠正。

▌▌ 模拟练习 ▌▌

交 际 场 合

李先生：王女士,你好! 近来气色不错啊。

王女士：谢谢你的关心,前两天到南方旅游了一趟,感觉轻松了很多。李先生,你的气色也不错啊,哦,这位是我的同事张明先生。张明,这位是××公司的李键先生。

李先生：张先生,您好! 认识您很高兴。

张先生：李先生,您好! 很高兴认识您,这是我的名片,请多关照。

李先生：谢谢!

……

家 庭 待 客

主　人：张伯母,您好! 小丽、小明你们好! 欢迎你们,快请坐。

客　人：谢谢!

主　人：不客气。

对 外 接 待

接待员：先生/小姐,您好! 请问有什么需要帮助的吗?

客　人：我想了解一下××业务的办理程序。

接待员：好的。先生/小姐,请这边坐。我来给您介绍一下,好吗?

客　人：好的！谢谢你！

接待员：不客气,很愿意为您效劳！对不起,请问您贵姓?

客　人：我姓吴。

接待员：吴先生……

客　人：谢谢你的介绍。

接待员：不客气,很高兴为您服务,谢谢您的光临,再见！

客　人：再见！

正　式　场　合

李先生：王院长、张老师,你们好！欢迎你们参加我们的这次会议。

王院长、张老师：谢谢！谢谢李先生,谢谢大家的邀请,很高兴参加这次会议。

李先生：王院长、张老师,请允许我给大家介绍一下您二位。诸位,我给大家介绍一下,这位是××大学艺术学院王刚院长,这位是××大学艺术学院张华教授。

……

◈ 考核标准 ◈

项目	称呼准确	语气柔和	语速适中	表情自然	姿态大方
分值	2	2	2	2	2

训练项目十二：接打电话

▶ 训练目标

通过对接打电话礼节的训练,使学生认识电话是企业与外界交往的最重要的方式之一。掌握电话礼节的基本技能技巧,能够得体、有效地运用电话与人沟通,规范地处理企业内外的电话,能够迅速、有效地树立和传播个人形象、企业形象。

▶ 标准要求

(1) 通话要正确、迅速、简洁、谦恭。

(2) 通话声音清晰,声调柔和、亲切。

(3) 发音流利,使用标准普通话。

(4) 通话时面带微笑,可给人以亲切友好之感,利于营造融洽的谈话气氛。

▶ 训练方法

教师首先通过实例示范操作,讲明基本要领、禁忌、训练要求及训练时的特别注意事项;设置不同的场景,学生分组进行情景对话训练;同学相互观察点评,教师指导纠正。

■■ 模拟练习 ■■

拨打电话规范训练

（1）拨打电话时，如果铃响三声以上对方没有摘机，应挂断电话，等候1～2分钟后再拨过去。

（2）电话拨通后，听到对方摘机，先作自我介绍并证实一下对方的身份。例如，"您好，我是清江公司的××，您这儿是××公司吗?"这样可以使对方很快明确身份，将谈话切入正题。

（3）如所打的电话需要总机接转，应对接线员说："请转××分机。"若要找的人不在，需要留言，可说："对不起，麻烦您转告××（职务或先生、小姐）"；如需要对方回电，可以留下自己的电话和姓名。对于长途电话，不宜要求对方回电，可以约定时间再次通话。

（4）拨错电话，应说："对不起，我打错电话了，打扰了。"

（5）通话期间，应把整理的要点准确地表达出来。如果电话掉线，应立即重拨。通话完毕，道一声再见，待对方挂机时，及时挂上电话。

接听电话规范训练

（1）铃响两声接听电话

电话铃响两声摘机，如果一时腾不出时间，以致电话铃响超过两声以上，接听时需向对方表示歉意。

（2）问候来电者，并作自我介绍

① 接电话时，应该先说"早上好"、"下午好"、"您好"等问候语。

② 及时向对方作自我介绍，让来电者知道已经同所要找的人、部门或公司联系上了，可以节省双方通话的时间。

（3）明确来电意图

听清来电者需要找的人、部门或需要解决的事情，及时进行电话转接或做好详细的记录，积极帮助来电者处理。

（4）当需要来电等待时，要说明需等待的时间

① 如果是短暂的等待（最多60秒），就告诉对方："请稍等，马上就好。"

② 如果是长时间的等待（1～3分钟），应询问对方是否愿意等待；在重新通话时对来电者的等候表示感谢和歉意。规范用语："对不起，让您久等了……"

结束通话规范训练

（1）再一次向来电者询问，还需要为他（或她）提供什么帮助。

（2）当来电者表示没有其他事情后，亲切地向对方说再见。

（3）在对方挂断电话后再挂机。

（4）在尽可能短的时间内，将电话内容处理完毕。

◇ **考核标准** ◇

项目	程序正确	称呼准确	语气柔和	语速适中	表情自然	姿态大方
分值	1	2	2	2	2	1

训练项目十三：交谈

▶▶ **训练目标**

　　通过对谈话礼节的训练,使学生从表情、语气、语言、态度、内容等方面掌握谈话的知识和技能技巧。

▶▶ **标准要求**

　　(1) 语言简洁、清楚,表达得体。

　　(2) 表情自然,语气亲切,眼神交流恰当。

　　(3) 手势规范、恰当,距离适中。

　　(4) 尊重对方,礼貌用语。学会正确运用语言与人进行信息的交流和沟通。

　　(5) 要注意口腔卫生。

▶▶ **训练方法**

　　基本功训练、背诵训练、情境专题训练。

　　教师首先实例示范操作,讲明训练要求及训练时的特别注意事项,讲授基本要领及禁忌。学生模仿语境操作训练。

‖ **模拟练习** ‖

基本功训练

　　(1) 5 分钟即兴主题演讲

　　说话五要素训练:由谁说,说什么,怎么说,对谁说,效果如何。

　　(2) 绕口令练习

　　熟记并应用下列交际中常用的一些礼仪用语进行情境专题训练。

　　① 初次见面:久仰;

　　② 好久未见:久违;

　　③ 问年龄:高寿(对老人)、贵庚(一般人);

　　④ 问姓名:贵姓、宝号;

　　⑤ 赞美别人主意:高见;

　　⑥ 请求原谅:包涵;

　　⑦ 请出主意:赐教;

⑧ 请求批示：请教；

⑨ 请人让路：借光；

⑩ 请人帮助：费心、劳驾；

⑪ 要先离去：失陪；

⑫ 让人勿送：留步；

⑬ 送客回家：请慢走；

⑭ 请客人来：光临；

⑮ 表示等候：恭候；

⑯ 您好、请、谢谢、对不起、打搅了、再见、好吗；

⑰ 早安、晚安、您好、身体好吗？最近如何？一切都顺利吗？好久不见了，您好！

⑱ 很高兴与您相识，希望再有见面的机会。

⑲ 再见，祝您周末愉快！

⑳ 晚安，请向朋友们致意。

㉑ 请代问全家好！

❖ 考核标准 ❖

项目	称呼准确	言语得体	语气柔和	语速适中	表情自然	姿态大方
分值	1	2	2	2	2	1

训练项目十四：握手

▶▶ 训练目标

通过对握手礼节的训练，使学生掌握握手的基本知识、方式及握手技能技巧，从而在日常生活、交际场合中能够准确、自如地加以应用，以示对对方的友好、尊敬和体贴。

▶▶ 标准要求

符合握手的四要素：力度、顺序、时间、方式要求。

▶▶ 训练方法

教师首先示范操作讲解，讲明训练要求、基本要领、禁忌及训练时的特别注意事项；4～5 人为一组进行模拟训练；教师不断巡视、指导、检查、示范，纠正个别错误，集体讲评一般错误；对握手达到标准要求的进行点评鼓励。

▌▌ 模拟练习 ▌▌

（1）初次见面，与上级、长者、客人见面等不同情景。

（2）社交场合的见面、告别。

◈ 考核标准 ◈

项目	称呼准确	力度适中	顺序正确	姿势正确	时间得当	表情自然
分值	1	2	2	2	2	1

训练项目十五：鞠躬、抱拳

▶ **训练目标**

通过对鞠躬、抱拳礼节的训练，使学生掌握鞠躬、抱拳的正确方法及要领，充分体现"弯身行礼，以示恭敬"；明白抱拳意为自己握住自己的手，代替了握住别人的一只手摇动，以便个人面对集体之时施行此礼节。

▶ **标准要求**

鞠躬要领：面对客人，并拢双脚，视线由对方脸上落至自己的脚前 1.5m 处（15°礼）或脚前 1m 处（30°礼）。男性双手放在身体两侧，女性双手合起放在身体前面。行礼者在距受礼者 2m 左右进行；行礼时，以腰部为轴，头、肩、上身顺势向前倾约 15°或 30°，嘴里附带问候语，如"您好"、"早上好"等；弯腰速度适中，之后抬头直腰，目视对方，动作可慢慢做，这样令人感觉很舒服，施完礼后恢复立正姿势（如图 1-3 所示）。

抱拳要领：右手半握拳，然后用左手掌包握在右拳上，两臂屈肘抬至胸前，目视对方，面带微笑，轻摇几下（如图 1-4 所示）。

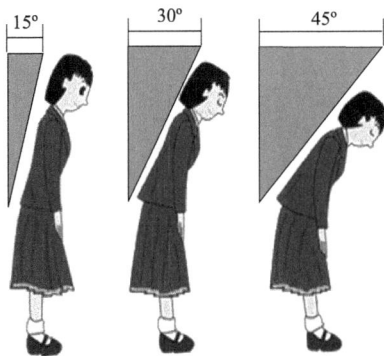

图 1-3　鞠躬

图 1-4　抱拳

▶▶ **训练方法**

教师首先示范操作讲解，讲明训练要求、基本要领、禁忌及训练时的特别注意事项；4～5 人为一组进行模拟训练；教师不断巡视、指导、检查、示范，纠正个别错误，集体讲评一般错误；对鞠躬、抱拳达到标准要求的进行点评鼓励。

■■ 模拟练习 ■■

（1）遇到客人见面时或向客人表示感谢或回礼时。

（2）社交场合的见面、告别。

注意几种错误的鞠躬、抱拳方式。

（1）只弯头的鞠躬。

（2）不看对方的鞠躬。

（3）头部左右晃动的鞠躬。

（4）双腿没有并齐的鞠躬。

（5）驼背式的鞠躬。

（6）一面鞠躬一面翻起眼看对方。

（7）左手握拳右手相抱。

◇◇ 考核标准 ◇◇

项目	前倾恰当	速度适中	眼神正确	姿势标准	表情自然
分值	2	2	2	2	2

训练项目十六：交换名片

▶▶ 训练目标

通过对交换名片礼节的学习训练，使学生懂得规范地使用名片，讲究交换名片的礼仪知识，掌握正确的递送、接受名片的操作技能技巧，从而在日常生活、交际场合中能够准确、自如地加以应用。

▶▶ 操作要求

符合递、接名片的姿势、顺序、语言、表情、态度等的规范要求。

▶▶ 训练方法

教师首先示范讲解操作，讲明基本要领及禁忌、训练要求及训练时的特别注意事项，学生模仿训练；学生相互观察点评，教师指导纠正。

■■ 模拟练习 ■■

场 景 设 置

（1）初次见面。

（2）社交场合的见面。

（3）告别。

（4）与上级、长者、客人见面。

练习时的注意事项

（1）在与他人交换名片时，应起身站立，面带微笑，眼睛友好地目视对方，并用双手递上，身体微向前躬，手臂高度略与胸齐。规范用语："我叫××，这是我的名片。"

（2）若想得到对方的名片，可使用的规范用语为："如果您方便，请留张名片给我。"

（3）接受名片时，应双手接过或右手接，眼睛友好地目视对方，口称"谢谢"。接过名片后，应捧在面前，把对方的名片仔细看一遍，最好能将对方的姓名、职务、职称轻声地读出来，以示尊敬。然后慎重收好，切忌随意丢放。

（4）若发现名片上有不认识的字或不理解的内容，则应虚心求教，以避免引起误会。

❖ 考核标准 ❖

项目	程序正确	称呼准确	语言规范	姿势正确	表情自然
分值	2	2	2	2	2

饭店服务
基本功实训
(第2版)

第2篇

前厅服务基本功

训练项目一：散客电话客房预订

▶ 训练目标

通过散客电话客房预订训练,使学生掌握客房预订的基本知识,学会按高星级饭店标准要求跟客人沟通,运用恰当的语言获取订房信息;学会运用语言技巧及销售技巧向客人推销客房产品。

▶ 准备工作

准备好实施客房预订的相应物品、用品、设备:预订单、房价表、笔、便笺、计算器、配有计算机和电话的工作台、工作椅。

▶ 操作程序

接听电话→问候客人→询问客人订房要求→推销客房→询问客人姓名、单位→询问付款方式→询问特殊要求→复述预订内容→完成预订。

▶ 训练方法

教师首先示范讲解,再讲明训练要求及训练时的特别注意事项,然后将学生两人分为一组,分别扮演客房预订员及客人之角色,进行电话客房预订情景模拟;教师不断巡视、指导、检查、示范,纠正个别错误,集体讲评一般错误。

▌ 情景模拟 ▌

散客电话客房预订

预订员:(接听电话)您好! 国贸大饭店预订部。

客　　人:你好! 我想订一间客房。

预订员:好的,先生。请问您要订什么时间的客房? 住几天?

客　　人:5 月 3 日,住两晚。

预订员:几个人住? 订几间?

客　　人:两个人,订一间。

预订员:好的。先生,您是 5 月 3 日抵店,5 日离店,住两晚,对吗?

客　　人:是的。

预订员:好的,先生。(查看计算机)我们这里有豪华套房,房间宽大舒适,设施设备先进,颇具欧式风格,入住后可享用免费早餐,房价每晚 1200 元;有标准套房,每晚 980 元,同样可以享受免费早餐,两种房间都配有互联网插口。您看,您喜欢哪种类型的客房?

客　　人:订个标准套房就可以了。

预订员：好的，先生。请问您是自己住还是代别人订？

客　人：自己住。

预订员：请问您的全名，好吗？

客　人：我姓张，叫张军。

预订员：张军先生，您好！您是弓长张，军队的军，对吗？

客　人：是的。

预订员：张先生，请问您将以什么方式结账？现金还是信用卡？

客　人：现金。

预订员：好的。张先生，您需要保证您的订房吗？您知道"五一"黄金周期间客人会很多，对于普通订房我们只保留到抵店日当天18点。您可以先用信用卡担保，到时候再用现金结账就可以了。

客　人：不用了，我下午4点就到了。

预订员：好的。张先生，请问您是坐火车还是乘飞机来？我们饭店有免费的穿梭巴士和机场专车接送客人。

客　人：我乘飞机从上海来。

预订员：请问您的航班是？

客　人：×××次。

预订员：张先生，请问您的电话和传真多少？我们会及时与您取得联系。

客　人：电话是1256987，传真是1256899，区号是021。

预订员：谢谢！张先生，请允许我向您核对以下内容：您订的是标准套房，每晚980元；5月3日抵店，5日离店，现金结账，从上海乘×××次航班前来，您的联系电话是1256987，传真是1256899，区号是021，对吗？

客　人：没问题。

预订员：谢谢您，张先生。如果您在抵店前有什么变更，请及时通知我们好吗？

客　人：好的。

预订员：张先生，感谢您的订房，我们期待您的光临。

客　人：不用谢。再见！

预订员：再见！

❖ 考核标准 ❖

项目	程序正确	言语礼貌	语气柔和	语速适中	姿态大方	表情自然
分值	1	2	2	1	2	2

训练项目二：婉拒预订

▶ 训练目标

通过婉拒预订训练，使学生充分认识婉拒预订不是预订工作的终结，虽不能满足客人的最初要求，但不能终止服务；学会向客人提建议、做推销。

▶ **准备工作**

准备好相应的物品、用品、设备：预订单、房价表、笔、便笺、计算器、配有计算机和电话的工作台、工作椅。

▶ **操作程序**

倾听客人的订房要求→判断饭店能否满足客人要求→决定婉拒预订→向客人提建议、做推销→将婉拒情况录入客史档案。

▶ **训练方法**

教师首先讲明训练要求及训练时的特别注意事项，然后将学生两人一组分为若干个训练小组，分别扮演客房预订员及客人之角色，进行婉拒预订情景模拟，教师不断巡视、指导、示范、检查，纠正个别错误，集体讲评一般错误。

▌▌ **情景模拟** ▌▌

婉 拒 预 订

预订员：(接听电话)您好！山西大饭店预订处！

客　人：我想订 10 号的标准间，住两晚。

预订员：好的。张先生，请您稍等。

客　人：好的。

预订员：张先生，非常抱歉，由于 10 号接待一个大型会议，标准间全部客满。

客　人：怎么这样啊，我可是冲你们饭店的知名度才订房的啊。

预订员：谢谢您的信任，张先生！您看这样好吗？您先订一天饭店的套房，每套实际上只比标准间多 280 元，室内摆设尊贵、典雅，古朴中不失时尚，还有先进的设施设备，入住后相信一定能令您满意，要不先订一天试试？如果您愿意，第二天再给您换到标准间，您看这样好吗？

客　人：我还是想住标准间。

预订员：好的。张先生，那您是否可以推迟一天到店，这样您预订标准间就没有问题了。

客　人：不行，我的时间不允许。

预订员：好的，张先生。要不这样，请您留下您的联系方式，一旦 10 号标准间有空，我马上与您联系，您看好吗？

客　人：好吧。我的联系电话是 1234567。

预订员：1234567。谢谢您，张先生！我们将随时与您保持联系，争取满足您的订房要求。

客　人：好吧，谢谢！

预订员：不客气，能为您服务我感到非常荣幸。

客　人：再见！

预订员：再见！

❖ 考核标准 ❖

项目	程序正确	言语礼貌	语气柔和	语速适中	姿态大方	表情自然
分值	1	2	2	1	2	2

训练项目三：使用计算机完成散客订房程序

▶ 训练目标

学会运用计算机管理软件进行客房预订，能够做到边听、边记录、边检索或查询相关选项，熟练应用预订菜单中各选项功能。

▶ 准备工作

准备好相应的物品、用品、设备：预订单、房价表、笔、便笺、计算器、配有计算机和电话的工作台、工作椅。

▶ 操作程序

听清客人要求→在预订菜单中进行选项→输入客人资料→请客人稍候并立即检索客房预订状况→询问客人采用何种担保方式并选择"保证金"选项→询问客人是否有特殊要求并进入"特殊要求"选项→进入"客房分配"选项并确定抵、离店日期和房号→了解是否代理预订并选择"预订代理"选项→询问客人有无留言，选择"客人留言"选项→完成预订工作。

▶ 训练方法

教师首先讲明训练要求及训练时的特别注意事项，教师作为客人与学生进行预订沟通，每个学生做模拟预订员受理客人预订，在计算机上进行客房预订界面操作，同时，教师不断巡视、检查、示范、督导，纠正个别错误，集体讲评一般错误。

▌▌ 操作练习 ▌▌

在装有预订管理软件的计算机上进行实操练习。

❖ 考核标准 ❖

项目	程序正确	操作熟练	迅速高效	坐姿端正	表情自然	按时完成
分值	2	2	2	1	2	1

训练项目四：客人抵店前的准备工作

▶ 训练目标

通过实训，能按规程、计划做好客人抵店前的预报、排房和接待准备工作；学会与相关部门或岗位进行沟通、联络，能对反馈信息及时处理。

▶ 准备工作

准备好相应的工具、设备、用品：计算器、笔、便笺、配备计算机和电话的工作台与工作椅、预抵店 VIP 客人名单及散客名单、团体或会议接待计划、通知单、签收表等。

▶ 操作程序

预报客情→预分排房→实施接待计划。

▶ 训练方法

教师首先讲明训练要求及训练时的特别注意事项，7 个学生为一组分别担当预订部人员（2 名）、总经理办公室人员、销售部人员、公关部人员、接待处人员、客房部人员，并彼此进行角色互换，模拟不同岗位的员工做好客人抵店前的准备工作，同时，教师不断巡视、检查、示范、督导。

操作练习

（1）预订部按规定进行客情预报。

（2）按规定的时间将各种类型客人（团体、VIP）的预报表、接待计划送达总经理办公室、销售部、公关部、前厅接待处、客房部等并要求其签收。

（3）按预订要求、接待标准等提前为已办理预订的客人分配房间，确定房号（上机操作）。

（4）总台将团队客人的房卡、钥匙（卡）提前装入信封。

（5）机场代表按接送计划按时迎候客人。

（6）大堂副理按 VIP 客人接待计划和规定提前做好准备。

（7）礼宾部按团队分房表安排行李员接送行李物品。

（8）有关部门按时将鲜花篮、果盘等礼品送入 VIP 客人房间。

考核标准

项目	沟通顺畅	操作熟练	迅速高效	姿态大方	富有亲和力	按时完成
分值	2	2	2	1	2	1

训练项目五：散客抵店门前迎（送）服务

▶ 训练目标

了解迎送客人服务的相关知识，掌握门前迎（送）服务的正确操作方法，从而能够按高星级饭店标准要求为客人提供门前迎（送）服务。

▶ 准备工作

宾客名单、客车。

▶ 操作程序

1. 迎客服务

微笑→引导停车→开车门、护顶→问候→关车门→协助搬行李→道别→回到岗位。

2. 送客服务

热情为客人叫车→引导停车→拉开车门、护顶→请客人上车→感谢客人的光临、向客人道别→关上车门→挥手致意→目送客人→回到原岗位。

▶ 训练方法

教师首先讲明训练要求及训练时的特别注意事项，然后将学生两人一组分为若干个训练小组，分别扮演门厅应接员及客人之角色，进行门前迎（送）服务情景模拟，教师不断巡视、指导、检查、示范，纠正个别错误，集体讲评一般错误。

情景模拟

迎 客 服 务

（车来时）微笑、打手势，车停到合适位置后左手拉开车门70°，将右手放在车门框上为客人护顶（对信仰佛教、伊斯兰教的客人则不能护顶），同时向客人问候致意："先生，您好！欢迎光临！"（对熟客则说："张先生，您好！欢迎您的再次光临！"）当客人下车后，观察车内没有客人遗留物品，确保车门不夹住客人衣物时将车门关闭。如果需要，可协助行李员为客人卸行李，之后与客人道别："张先生，祝您入住愉快！"目送客人进店，然后回到原岗位。

送 客 服 务

打手势，将车停到合适的位置，待车停稳后，为客人拉开车门，请客人上车、护顶，感谢客人的光临，并向客人热情道别："张先生，感谢您的光临！""不客气。""期待着早日能再见到您！""谢谢！""不客气，很愿意再次为您效劳！祝您旅途愉快！""再见！""再见！"等客人坐稳后将车门关上，待汽车启动时，挥手向客人告别，目送汽车远去。

◈◈◈ 考核标准 ◈◈◈

项目	程序正确	言语礼貌	语气柔和	语速适中	姿态大方	表情自然
分值	1	2	2	1	2	2

训练项目六：散客抵店行李服务

▶ 训练目标

通过该项目的训练,使学生掌握散客抵店时行李服务的程序、操作方法;学会对客交流、沟通的正确方法;熟练地按高星级饭店标准要求为客人提供行李服务,使客人满意。

▶ 准备工作

(1) 工具:行李车、笔、便笺、行李牌。
(2) 设备:电梯、客房、礼宾行李值班台。
(3) 用品:旅行箱包、客房钥匙卡。

▶ 操作程序

迎候客人→微笑、问候→清点行李→引领客人至总台→看管行李→引领客人至客房→途中介绍、推销→按"敲门,通报"程序进房→介绍房内设施及使用方法→离房前询问需求→道别→做好行李搬运记录。

▶ 训练方法

教师首先讲明训练要求及训练时的特别注意事项,对要点进行示范,然后将学生两人一组分为若干个训练小组,分别扮演行李员及客人之角色,进行行李服务情景模拟,教师不断巡视、指导、检查、示范,纠正个别错误,集体讲评一般错误。

▍▍ **情景模拟** ▍▍

散客抵店行李服务

行李员:您好! 欢迎光临!

客 人:你好!

行李员:先生,请您稍等!

客 人:好的。

行李员:(从车的后备箱往外拿行李)您的行李是两件,对吗?

客 人:是的,没问题。

行李员:好的。先生,请随我来!(打手势)

　　　　　　请问，您怎么称呼？

客　　人：我叫张军。

行李员：张军先生，您好！您是初次到本店吗？

客　　人：是的。

行李员：张先生，请问您有预订吗？

客　　人：有的。我一个月前就跟你们订了房。

行李员：谢谢您的订房。张先生，总台到了，请您在这儿办入住手续。

　　　　　　（向接待员示意说："有预订的张军先生到了。"）

行李员：（办完手续后）张先生，请往这边走！（打手势）

　　　　　　（途中或等电梯时介绍）您看，那儿就是自助餐厅，明早您可以到那里用餐。

　　　　　　（电梯到达，护住梯门，请客人先进）。

　　　　　　张先生，咖啡厅新进了法国名贵的红葡萄酒，正在搞促销活动，有工夫您不

　　　　　　妨前去看看。

客　　人：好的，有工夫我会去的。

行李员：谢谢！张先生，最近餐厅新推出了一款山珍靓汤，客人们都反映不错，欢迎

　　　　　　您前去品尝。

客　　人：好的，谢谢你。

行李员：不客气，愿意为您效劳！（电梯到达，请客人先出，再次打手势引领）

　　　　　　张先生，您的房间到了，请稍等。

　　　　　　（敲门，通报）行李员。（向客人演示开启房门）张先生，您看，将钥匙贴近感

　　　　　　应区域，绿灯亮起，扭动门把手就可以将门打开了。（钥匙插进电卡中，开廊

　　　　　　灯，退到门一侧）

　　　　　　张先生，请进！（打手势）

　　　　　　您的行李放在行李架上，好吗？

客　　人：好的。

行李员：张先生，我能为您介绍房内设施设备的使用情况吗？

客　　人：好的。

行李员：中央空调有高、中、低三个挡，您可以按照需要这样进行调节（演示）；冰箱里有

　　　　　　收费的酒水、饮料，饮用后请您及时填写饮料单，最后会计入您的个人总账；电

　　　　　　视1～5频道是收费节目，如果您有需要请拨打电话123。如果您打外线，请先

　　　　　　加拨零。张先生，如果您有什么不清楚的地方，请阅读《饭店服务指南》。

客　　人：好的。谢谢！

行李员：不客气。能为您服务我感到非常荣幸！

　　　　　　张先生，您还有什么需要吗？

客　　人：先这样吧。

行李员：好的。祝您入住愉快！

客　　人：再见！

行李员：再见！（面朝房内退后3步，然后转身退出）

❖ 考核标准 ❖

项目	程序正确	言语礼貌	语气柔和	语速适中	姿态大方	表情自然
分值	1	2	2	1	2	2

训练项目七：为住客办理行李寄存

▶ 训练目标

通过模拟训练，学会用眼看、耳听、鼻闻、手摸等多种感官对客人的行李进行检查，发现易燃、易爆等不易储存的物品；能够熟练地按饭店标准要求为客人提供行李寄存服务。

▶ 准备工作

笔、便笺、寄存单、行李寄存卡、手提包、旅行箱、配备电话机的工作台。

▶ 操作程序

确认客人住店情况→问清客人所寄存行李物品情况→检查物品有无破损及其包装状况→填写寄存单并请客人签名确认→向客人道别。

▶ 训练方法

教师首先讲明训练要求及训练时的特别注意事项，对要点进行示范，然后将学生两人一组分为若干个训练小组，分别扮演行李员及客人之角色，进行行李寄存服务情景模拟；教师不断巡视、指导、示范、检查，纠正个别错误，集体讲评一般错误。

▌▌ 情景模拟 ▌▌

散客行李寄存

行李员：您好！我能帮您吗？

客　人：我想寄存行李箱。

行李员：好的。请您出示房卡（或已结账的离店通知单），好吗？

客　人：好的，给你。

行李员：谢谢！王先生，饭店规定不予寄存贵重物品、易燃易爆等危险物品，您行李内有这样的物品吗？（眼看、耳听、鼻闻、手摸等）

客　人：没有的。

行李员：好的。王先生，您这个纸箱看起来快要开了，我帮您用胶带固定一下，好吗？

客　人：好的，谢谢！

行李员：不客气，很愿意为您效劳！王先生，请问，您的行李何时提取？（边填写行李寄存单）

客　人：15号。

行李员：好的，您15号提取，共存两件行李，对吗？

客　人：是的。

行李员：好的，王先生，请您在寄存单上签名。谢谢！这是您的寄存凭证，请您妥善保管好。

客　人：好的。

行李员：祝您开心、愉快！

客　人：再见！

行李员：再见！（客人离开后，将行李物品放置于行李架上或整齐地摆放在行李房的地面上）

❖ 考核标准 ❖

项目	操作规范	言语礼貌	语气柔和	语速适中	姿态大方	表情自然
分值	2	2	2	1	1	2

训练项目八：无预订散客入住登记

▶ 训练目标

通过实训，使学生了解总台接待服务的基本知识，学会按高星级饭店的标准要求跟客人"说话"；学会运用语言技巧、销售技巧向客人有针对性地推销客房及饭店其他产品；熟练为客人办理入住登记手续。

▶ 准备工作

准备好实施入住登记的相应物品、用品、设备：入住登记表、房价表、饭店简介、笔、便笺、计算器、当日预抵店客人名单、配有计算机和电话的工作台或模拟总台。

▶ 操作程序

问候→询问有无预订→无→询问所需房间类型→适时推销→查验、复印证件→确定付款方式→制作房卡、钥匙卡→请客人签名→示意行李员引领至客房→将信息输入计算机→通知相关部门。

▶ 训练方法

教师首先讲解示范、说明训练要求及训练时的特别注意事项，然后将学生两人一组分为若干个训练小组，分别扮演接待员及客人之角色，进行无预订散客入住登记情景模拟；教师不断巡视、指导、检查、示范，纠正个别错误，集体讲评一般错误。

情景模拟

无预订散客入住登记

接待员：您好！我能帮您吗？

客　人：你好！我要住店。

接待员：好的。请问您有预订吗？

客　人：没有。

接待员：好的，请问您预住几天？

客　人：三天。

接待员：好的，先生。请问您喜欢什么房间类型？我们这儿有豪华套房，房间宽大舒适，房内配有高贵典雅的红木家具，入住后还能享受免费的早餐，房价每晚680元；还有标准间，每晚480元，您看，您喜欢哪种房间类型？

客　人：就要标准间吧。

接待员：好的。先生，请您出示身份证，好吗？

客　人：好的，给你。

接待员：谢谢！（复印）

　　　　张先生，请问您将以什么方式结账？现金还是信用卡？

客　人：现金。

接待员：好的。张先生，请您预交2000元押金。

客　人：给你。

接待员：收您2000元，谢谢！请您在房卡上签名，谢谢！您的房间在16层，行李员会带您去客房。

客　人：好的。

接待员：祝您入住愉快！再见！

客　人：再见！

❖ 考核标准 ❖

项目	程序正确	言语礼貌	语气柔和	语速适中	姿态大方	表情自然
分值	1	2	2	1	2	2

训练项目九：有预订散客入住登记

▶ **训练目标**

通过实训，使学生了解总台接待服务的基本知识，学会按高星级饭店的标准要求跟客人"说话"，学会运用语言技巧、销售技巧向客人有针对性地推销客房及饭店其他产品，熟练为客人办理入住登记手续。

▶▶ 准备工作

准备好实施入住登记的相应物品、用品、设备：入住登记表、房价表、饭店简介、笔、便笺、计算器、当日预抵店客人名单、配有计算机和电话的工作台或模拟总台。

▶▶ 操作程序

问候→询问有无预订→有→查验、复印证件→调出客人预订资料→核对→根据客人情况作二次推销→预交押金→制作房卡、钥匙卡→请客人签名→示意行李员引领至客房→将信息输入计算机→通知相关部门。

▶▶ 训练方法

教师首先讲解示范、说明训练要求及训练时的特别注意事项，然后将学生两人一组分为若干个训练小组，分别扮演接待员及客人之角色，进行有预订散客入住登记情景模拟；教师不断巡视、指导、检查、示范，纠正个别错误，集体讲评一般错误。

▌▌ 情景模拟 ▌▌

有预订散客入住登记

行李员：有预订的张先生到了。

接待员：张先生，您好！欢迎您的到来。

接待员：谢谢您的订房。请您出示身份证，好吗？

客　人：好的，给你。

接待员：谢谢！张先生，请您稍等。（调出信息）

　　　　您订的是标准间，5号到店7号离店住两天，房价380元，对吗？

客　人：是的。

接待员：张先生如果您再加80元就能入住商务楼层，房内设施设备先进，能够网上冲浪，还可享用免费早餐。您看，我给您换个房间好吗？

客　人：哦，这样呀，那好吧。

接待员：谢谢您，张先生。您是以现金结账，对吗？

客　人：是的。

接待员：张先生，请您预交1500元押金。

客　人：好的，给你。

接待员：谢谢！请您在房卡上签名。谢谢！张先生，您的房间在16层，行李员会带您去客房。祝您入住愉快！

客　人：再见！

接待员：再见！

◈ 考核标准 ◈

项目	程序正确	言语礼貌	语气柔和	语速适中	姿态大方	表情自然
分值	1	2	2	1	2	2

训练项目十：客人称已订房，但查不到订单时的处理

▶ **训练目标**

通过训练掌握查找客人订房资料的一般方法及查不到订单后的妥善安排方法。

▶ **准备工作**

计算器、笔、便笺、当日预抵店客人名单、次日预抵店客人名单、1 周或 10 天内预抵店客人名单、配有计算机和电话机的模拟总台。

▶ **操作程序**

查找订房资料→检查预订方式→检查客人名单→妥善安排。

▶ **训练方法**

教师首先讲解示范、说明训练要求及训练时的特别注意事项，然后将学生两人一组分为若干个训练小组，分别扮演接待员及客人之角色，进行"客人称已订房，但查不到订单时的处理"的情景模拟；教师不断巡视、示范、指导、检查，纠正个别错误，集体讲评一般错误。

▌ **情景模拟** ▌

客人称已订房，但查不到订单时的处理

接待员：先生，您好！我能帮您吗？

客　人：我订了今天的标准间，请帮我查一下。

接待员：好的，请问先生怎么称呼？

客　人：我叫李宏。

接待员：李宏先生，您好！您是木子李，宏伟的宏对吗？

客　人：是的。

接待员：好的，李先生，请您稍等！（在订房资料中查找：按照姓氏查找中文姓名，注意可在发音相近或相似的姓氏中查找，未果）

　　　　李先生，请问，您是自己订房还是别人代您订的呢？

　　　　（在预订方式中查找：在客人自订房中查找，还可在由客人的朋友联系代订房中查找或公司的同事打电话代订房中查找）

客　人：自己订的。

接待员：李先生，请您别着急，我帮您再查查。

（检查客人名单：检查当日预抵店客人名单；检查次日预抵店客人名单；检查未来一周或10天内预抵店客人名单；检查前一天"预订但未到店"客人名单；在按正常日期检查未果时，应当考虑检查前一天"预订但未到店"客人名单）

实在抱歉，李先生。经过努力，还是没能找到您的订房资料。

客　　人：怎么回事？我可是早就订了房的，而且以前我多次来过呢！

接待员：是的，李先生，您是我们的老主顾了，也许是我们的工作出了差错。您看这样好吗，现在饭店刚巧还有一间套房，房内豪华气派，颇具西洋风情，能够给人带来全新的感觉，贵宾们通常都很喜欢这样的房间，我请示经理，房价争取给您打八折，您看，您先入住一晚套间好吗？明天标准间有空的，如果您愿意，我们马上就为您换房。

（如果确实无房，我们可主动介绍或联系附近相同档次的饭店，尤其在客房销售高峰期，对查不到订单的常客或有良好信誉的回头客，应及时请示，尽快安排车辆将客人送达或建议客人办理次日预订，饭店派车再将其于次日接回）

客　　人：折扣能否再低些呢？

接待员：李先生，非常遗憾！您知道现在是旅游旺季，因为您是老主顾了，请示经理才会打八折的。这样吧，下次您来时，我们一定给您一个满意的价格，好吗？

客　　人：好吧。

接待员：李先生，谢谢您的谅解！（办理入住登记手续略）

❖ 考核标准 ❖

项目	程序正确	言语礼貌	语气柔和	语速适中	姿态大方	表情自然
分值	4	1	2	1	1	1

训练项目十一：散客要求换房时的处理

▶ 训练目标

通过实训，了解为客人换房时的注意事项，掌握换房的工作步骤及方法。

▶ 准备工作

计算器、笔、便笺、换房通知单、配有计算机和电话机的模拟总台。

▶ 操作程序

问清客人原因→填写换房通知单→更换房卡或钥匙卡→安排行李员→调整房况→做

客史档案记录。

▶▶ 训 练 方 法

　　教师首先讲解示范、说明训练要求及训练时的特别注意事项,然后将学生两人一组分为若干个训练小组,分别扮演接待员及客人之角色,进行散客要求换房时的情景模拟;教师不断巡视、示范、指导、检查,纠正个别错误,集体讲评一般错误。

▌ 情景模拟 ▌

散客要求换房时的处理

接待员:您好! 我能帮您吗?

客　人:我想换一间房。

接待员:好的,先生。请问您的房号是?

客　人:856 房。

接待员:856 房的张广先生,对吗?

客　人:是的。

接待员:张先生,我可以知道您换房的原因吗,以便于我们今后的服务能令您更加满意?

客　人:我觉得这个房间的光线不充足,我喜欢光线好的房间。

接待员:好的,张先生,你还是继续住标准间吗?

客　人:是的。

接待员:请您稍等! (查看房态)

　　　　张先生,刚巧 10 层 1015 房有空,是一个窗户朝南的房间,您还可以俯瞰美丽的街景,您看,给您换这间好吗?

客　人:好的,谢谢!

接待员:不客气,能为您服务,感到非常荣幸。

　　　　张先生,请给我您的房卡、钥匙,好吗?

客　人:给你。

接待员:谢谢! 待会儿行李员会帮您搬运行李。这是您的新房卡、钥匙,请您收好!

客　人:好的。

接待员:祝您入住愉快!

客　人:再见!

接待员:再见! (调整房况;在客史档案中做换房记录)

◈ 考核标准 ◈

项目	程序正确	言语礼貌	语气柔和	语速适中	姿态大方	表情自然
分值	3	1	2	1	1	2

训练项目十二：客人抵店，为其保留的客房已出租时的处理

▶ **训练目标**

通过实训，掌握未做保留预订客人抵店时的处理方法，以及在这种情况下饭店对常客的接待及安排方法。

▶ **准备工作**

计算器、笔、便笺、当日预抵店客人单、房价表、配有计算机和电话机的模拟总台。

▶ **操作程序**

问候→问清缘由→说明饭店相关政策→查阅客史档案→联系协调→道别。

▶ **训练方法**

教师首先讲解示范、说明训练要求及训练时的特别注意事项，然后将学生两人一组分为若干个训练小组，分别扮演接待员及客人之角色，进行"客人抵店时，饭店为其保留的客房已出租时的处理"情景模拟；教师不断巡视、示范、指导、检查，纠正个别错误，集体讲评一般错误。

‖ 情景模拟 ‖

客人抵店，为其保留的客房已出租时的处理

接待员：您好！我能帮您吗？

客　人：我要住店。

接待员：好的，先生，请问您有预订吗？

客　人：有的，上星期就订过了。

接待员：谢谢您的订房。先生，请问您怎么称呼？

客　人：赵建。

接待员：赵建先生，您好！您是建设的建，对吗？

客　人：是的。

接待员：赵先生，请您稍等！非常抱歉，赵先生，由于您未做预订担保，您抵店时间又超过了保留订房的时限，您知道，现在是旅游旺季，所以，总台已将房间出租给"等候名单"上的客人了，现在标准间已全部客满。

客　人：那怎么办呢？火车晚点我也不愿意啊。

接待员：您别着急，赵先生，我再帮您查查其他的房间类型是否有空，好吗？

客　人：好的，谢谢！

接待员：不客气,愿意为您效劳!

赵先生,刚巧有一个套间的客人刚刚离店,您看您是否先住一晚套房呢? 这个套房设施设备非常先进,有一流的按摩浴缸,能让您洗净旅途疲劳,而且包含免费早餐,比您原预订的房间只多200元,您看,可以吗?

客　人：套房? 给优惠些吧,我以前就来住过的。

接待员：赵先生,感谢您对我店的信任,这样吧,您是老主顾,我给您打九折,您看好吗?

客　人：好吧。

接待员：赵先生,服务员正在为您准备房间,您先办理入住手续,等您用过晚餐后房间也就收拾好了,您看,行吗?

客　人：好的。

接待员：谢谢!(尽快与客房中心联系,对离店房间立即安排清扫,尽快恢复到可租状态)

❖ 考核标准 ❖

项目	程序正确	言语礼貌	语气柔和	语速适中	姿态大方	表情自然
分值	2	2	2	1	1	2

训练项目十三：电话留言服务

▶ 训练目标

通过模拟训练,掌握留言服务的方法、标准要求及注意事项,学会与客人有效地沟通,体现良好的职业素养。

▶ 准备工作

备好笔、便笺、留言单、信封、配有电话机和计算机等的模拟工作台。

▶ 操作程序

接听电话→主动征询客人的要求→填写留言单→复述客人留言内容→道别。(通知礼宾部将住店客人留言送往房间或放在钥匙架内,并输入计算机以供其他人员查询)

▶ 训练方法

教师首先讲解示范、说明训练要求及训练时的特别注意事项,然后将学生两人一组分为若干个训练小组,分别扮演问讯员及客人之角色,进行电话留言及住客查询留言情景模拟,教师不断巡视、指导、检查、示范,纠正个别错误,集体讲评一般错误。

情景模拟

店外客人电话留言

问讯员：您好！问讯处。我能帮您吗？

客　人：你好！我想给 506 房间的陈伟留言。

问讯员：好的，女士。陈伟是伟大的伟吗？

客　人：是的。

问讯员：请问女士，您怎么称呼？

客　人：李青。

问讯员：李青女士，您好！请问您是哪个青呢？

客　人：青年的青。

问讯员：好的。李女士，请您说出您留言的内容，好吗？

客　人：告诉他原定今天晚上 6:00 的会面改为 7:00。请他在房间等我。

问讯员：好的。李女士，您说的 6:00 是指 18:00，7:00 是指 19:00 对吗？

客　人：是的。

问讯员：您留言的内容是，告诉 506 房的陈伟先生原定于今晚 18:00 的会面改为
　　　　19:00，请他在房间等您，对吗？

客　人：是的。

问讯员：李女士，我们将会按您的要求及时将您的留言转达给陈伟先生。请您放心。

客　人：好吧，谢谢！

问讯员：不客气。能为您做事我感到非常荣幸！李女士，希望有机会再次为您效劳！

客　人：再见！

问讯员：再见！

住客查询留言

问讯员：您好！问讯处。我能帮您吗？

客　人：请问，有我的留言吗？我是 506 房的。

问讯员：您是陈伟先生，对吗？

客　人：是的。

问讯员：陈先生，这儿有李青女士给您的留言。她说原定于今晚 18:00 的会面推迟
　　　　到 19:00，请您在房间等她。

客　人：好的，知道了。谢谢！

问讯员：不客气。很愿意为您效劳。祝您入住愉快！

客　人：再见！

问讯员：再见！

访　客　留　言

问讯员：您好！我能帮您吗？

客　　人：你好！我想留言。

问讯员：好的。请问您怎么称呼？

客　　人：王兰。

问讯员：王兰女士，您好！您是兰花的兰，对吗？

客　　人：是的。

问讯员：王女士，请问您是给谁留言呢？他的房号是多少？

客　　人：508 房的张华。

问讯员：好的，王女士。请您说出您的留言内容，好吗？

客　　人：告诉他晚上 9：00 给我来电话，他知道我的电话号码。

问讯员：好的。王女士，您留言的内容是：要求 508 房的张华晚上 9：00 给您回电话，
　　　　　电话号码张华知道，对吗？

客　　人：是的。

问讯员：王女士，您的留言我们将会按您的要求及时转达给 508 房的张华，请您
　　　　　放心！

客　　人：好的。谢谢！

问讯员：不用谢！希望有机会再次为您效劳。

客　　人：再见！

问讯员：再见！

◇ 考核标准 ◇

项目	程序正确	言语礼貌	语气柔和	语速适中	姿态大方	表情自然
分值	1	2	2	1	2	2

训练项目十四：问询服务

▶ 训练目标

通过问询服务项目的练习，使学生了解与客人沟通的方法及说话的技巧，掌握问询服务的程序和标准，达到熟练应用。

▶ 准备工作

饭店简介，主要旅游景点简介，交通工具时刻表、价目表及里程表，本地详细地图及交通图等资料，计算机。

▶ 操作程序

1. 有关住宿客人的问询

微笑问候→聆听问题→查询计算机→确认房号→电询住客→客人同意→告知访客→

住客不同意→婉拒访客→道别。

2. 有关店外情况的问询

微笑问候→聆听问题→耐心回答→道别。

▶ **训练方法**

教师首先讲解示范、说明训练要求及训练时的特别注意事项，然后将学生两人一组分为若干个训练小组，分别扮演问讯员及客人之角色，进行所设定的问询情景模拟；教师不断巡视、指导、检查、示范，纠正个别错误，集体讲评一般错误。

▌▌ 情景模拟 ▌▌

有关住客查询

问讯员：您好！我能帮您吗？

客　人：请问，王伟是住在你们饭店吗？

问讯员：女士，请您稍等！请问您怎样称呼？是哪个单位的？

客　人：我叫李颖，是王伟的爱人。

问讯员：王太太，您好！非常抱歉，计算机里没有王伟先生的住宿资料。（客人登记信息中要求保密服务）

客　人：不对啊，他应该住在你们饭店的啊。

问讯员：是吗？那这样，我再到里面的登记簿上看看是否能查到王先生入住的资料，好吗？

客　人：好的，谢谢！

问讯员：不客气，能为您服务我感到非常荣幸。请您稍等！（到里面致电王伟房间）

问讯员：王先生，您的太太在前台要找您，可以告诉她您的房间号码吗？

客　人：就说我没有住店。

问讯员：好的，我们一定会按照您的要求去做。祝您入住愉快！再见！

　　　　（出来后回复王女士）王太太，让您久等了，很遗憾，登记簿上也没有记录王伟先生入住的信息。

客　人：是吗？那好吧，谢谢！

问讯员：不客气。希望有机会再次为您效劳！

客　人：好的，再见！

问讯员：再见！

有关景点的问询

问讯员：您好！我能帮您吗？

客　人：我想问问去晋祠怎么走。

问讯员：好的，先生。您看，这是去晋祠的交通图，晋祠位于饭店的东南方向。店外有专门的旅游车，打车也挺方便的，还有公交856路也能前往。您打算怎么去呢？我可以帮您叫辆出租车的。

客　　人：晋祠离这儿大概有多远呢？

问讯员：距饭店大约 45 公里。

客　　人：打车大概得多少钱？

问讯员：起价 3 公里 8 元,3 公里后每公里 1.2 元,大约六七十元就到了。

客　　人：哦,这样呀,那还是坐公交吧。

问讯员：的确,坐公交也很方便。您出门过马路,往西走大约 50 米就有 856 路车的站牌。

客　　人：好的。谢谢你！

问讯员：不客气！很愿意为您效劳。

　　　　希望您玩得开心！

客　　人：再见！

问讯员：再见！

❖ 考核标准 ❖

项目	程序正确	言语礼貌	语气柔和	语速适中	姿态大方	表情自然
分值	1	2	2	1	2	2

训练项目十五：转接电话

▶ 训练目标

通过转接电话项目实训,掌握话务服务的基本知识,掌握转接电话的程序与标准,达到熟练操作、运用的能力。

▶ 准备工作

配有计算机、耳麦、电话的模拟工作台,白板,笔,便笺,记录本,免电话打扰服务的客人名单,总机保密服务客人名单等。

▶ 操作程序

三响之内提机→礼貌应答→聆听要求→核对无误→转接电话(对"DND"房、保密房则婉转处理)→无人接听或占线向客人致歉→如需留言转到问讯处(给管理人员留言则接收并尽快通知相关管理者)→道别。

▶ 训练方法

教师首先讲解示范、说明训练要求及训练时的特别注意事项,然后将学生两人一组分为若干个训练小组,分别扮演话务员及客人之角色,进行所设定的转接电话情景模拟;教师不断巡视、指导、示范、检查,纠正个别错误,集体讲评一般错误。

▌▌情景模拟▌▌

转 接 电 话

话务员:(三响之内)(外线)您好!国贸大饭店!(内线)您好!总机!

客　　人:你好!我找张伟,请给我转到他的房间。

话务员:好的。先生,请问你知道张伟先生的房号吗?

客　　人:不知道,你帮我查查吧。

话务员:好的,先生。请问您怎么称呼?哪个单位的?

客　　人:王建设,青年广告公司的。

话务员:王先生,请您稍等!(如是"DND"房则将此信息礼貌地告知客人,并建议其留言或待取消"DND"后再来电话;如是"保密房"则告知客人饭店无此住客)(致电张伟客人房间)张先生,我是总机。有一位青年广告公司的王建设先生要跟您通话,您看可以吗?

客　　人:不必了,就说我不在。

话务员:好的。

　　　　(转身回王先生电话)对不起,王先生,让您久等了。张先生房间电话无人接听。您需要给他留言吗?

客　　人:不必了。谢谢!

话务员:不客气,希望有机会再次为您效劳!

客　　人:好的,再见!

话务员:再见!

◈ 考核标准 ◈

项目	程序正确	言语礼貌	语气柔和	语速适中	姿态大方	表情自然
分值	1	2	2	1	2	2

训练项目十六:商务中心服务

▶ 训练目标

通过商务中心服务项目实训,明确商务中心服务的基本知识,掌握商务中心主要业务程序和标准,达到熟练操作与运用的服务能力。

▶ 准备工作

笔、便笺、商务服务收费单、交接班本、纸张、模拟工作台、电话机、复印机、传真机、计算机、打印机等，开启并检查设备是否正常。

▶▶ 操作程序

1. 传真发送

问候→受理服务→发送传真→接收打印报告→结账服务→账后工作。

2. 传真收转

接收来件→填写"商务中心传真来件报表"（急件要放在客用信封内并加盖urgent章；保密、机密件应用信封封好，加盖 confidential 章）→通知客人→结账服务。

3. 复印服务

受理复印→了解客人的要求→复印准备→复印操作→检查效果→填写"商务服务收费单"→结账服务→账后工作。

4. 打印服务

受理服务→打印准备→完成打印→填写"商务服务收费单"→结账服务→账后工作。

▶▶ 训练方法

教师首先讲解示范、说明训练要求及训练时的特别注意事项，然后将学生两人一组分为若干个训练小组，分别扮演文员及客人之角色，进行所设定的商务服务情景模拟；教师不断巡视、纠正、示范，纠正个别错误，集体讲评一般错误。

情景模拟

传 真 发 送

文员：您好！我能帮您吗？

客人：我想发一份传真。

文员：好的，先生！请您出示房卡，好吗？

客人：给你！

文员：谢谢！（填写商务单）张先生，请问，您发往地的传真号是多少？

客人：0346-7894263。

文员：0346-7894263。张先生，传真收费标准是每张 10 元，您发三张，共 30 元。

客人：好的。（发送传真：纸正面朝里平放在传真机上→挂机→音频拨号→收到信号→启动→显示 OK→接收打印报告）

文员：请问您将以什么方式结账？

客人：挂账。（如果现金结账，收取后将账项输入计算机终端，加盖已输入章）

文员：好的。请您在收费单上签名。谢谢！
　　　张先生，这是您的原件，请您收好！

客人：谢谢！

文员：不客气，希望再次为您效劳！祝您入住愉快！

客人：再见！

文员：再见！

　　（商务单第三联留存，前两联交总台收银）

传 真 收 转

　　阅读收到的传真件→与问讯处确认客人的姓名及房号（文员：您好！我是商务中心，张伟是住在805房吗？问讯员：请稍等。没问题。文员：好的，谢谢！再见！）→将接收成功报告单与来件存放到一起→填写"商务中心传真来件报表"→电话通知客人（文员：张先生，您好！我是商务中心。刚收到您的一份传真，行李员马上会给您送去，请您查收，好吗？客人：好的，谢谢！文员：不客气，愿意为您效劳。）如客人在房，通知行李员送到房间；如客人不在房，做留言单，留言单右上角注明客人离店日期，通知总台打印，并记录通知情况，下班前与总台人员确认→根据客人的结账方式填写商务单，按标准收费→开出账单交总台收银处。

打 印 服 务

文员：您好！我能帮您吗？

客人：给我打印份文件。

文员：好的，先生！请您出示房卡好吗？

客人：给你！

文员：谢谢！（填单）饭店收费标准是每200字5元。出一张1元。

　　　（通读一遍文稿）王先生，请问您希望打印纸张多大？用几号字体？

客人：A4，小四号就行。

文员：好的。您只打印一份吗？

客人：是的。

文员：王先生，您的稿件大约半个小时才能打印完毕，您是在这里等吗？

客人：我待会儿再来吧。

文员：好的，我会尽快为您服务。

客人：谢谢！

文员：不客气！能为您服务我感到非常荣幸。

客人：待会儿见！

文员：再见！（迅速按要求打印文件）

文员：王先生，您好！这是您要打印的文件，请您核对一下，好吗？

客人：好的，没问题。

文员：王先生，您需要保存您的文件吗？不然的话我们将会及时为您删除。

客人：好的，删掉吧。（当着客人的面删除文件）

文员：（填写"商务服务收费单"）请问您挂账吗？

客人：是的。（非住店客人，则请客人付现金，然后输入计算机，并在商务单上标明）

文员：按标准共收费30元，请您在收费单上签名。谢谢！

　　　您还有什么需要吗？

客人：先这样吧。

文员：好的,祝您入住愉快!

客人：再见!

文员：再见!

　　　(商务单第三联留存,前两联交总台收银)

考核标准

项目	操作正确	言语礼貌	语气柔和	语速适中	姿态大方	表情自然
分值	2	1	2	1	2	2

训练项目十七：客人行李被送错时的处理

▶ 训练目标

通过实训,掌握行李送错时的处理程序及方法,达到熟练运用的目的。

▶ 准备工作

笔、便笺、当日预抵店客人名单、当日预抵店团队统计表、当日预抵店 VIP 名单、配有电话机的礼宾行李值班台。

▶ 操作程序

道歉→了解行李特征→查找送错的原因→及时归还→道歉、道别。

▶ 训练方法

教师首先讲解示范、说明训练要求及训练时的特别注意事项,然后将学生两人一组分为若干个训练小组,分别扮演行李员及客人之角色,进行所设定的客人行李被送错时情景模拟;教师不断巡视、指导、示范,纠正个别错误,集体讲评一般错误。

情景模拟

客人行李被送错时的处理

行李员：(来电)您好,礼宾部。

客　人：我的行李怎么少了一件呢?

行李员：非常抱歉,可能送错房了,我马上帮您查。

　　　　请问,您怎么称呼?您的房号是?

客　人：李红。869 房。

行李员：李女士,您的行李是什么颜色?有什么特征吗?

客　　人：一个有拉杆的红色的行李箱，大概有 30cm。

行李员：好的。是大约有 30cm 的红色的拉杆行李箱，对吗？

客　　人：是的。

行李员：您的行李内有什么贵重物品吗？

客　　人：有照相机和一些衣服。

行李员：好的，李女士，您别着急，我马上为您查找。

　　　　（检查运送行李记录表、反复核实接收行李件数与送入客房行李件数是否一致；查询团队内部或团队之间有否自行换房；检查接收的行李有否先存入行李房；是否还有无人认领的行李）

　　　　（敲门——通报）

　　　　您好！李女士。您看这件是您的行李吗？

客　　人：是的。

行李员：非常抱歉，给您添麻烦了。

　　　　请您看看行李内的物品没有问题吧？

客　　人：好的。没问题。

行李员：李女士，您还有什么需要吗？

客　　人：先这样吧。

行李员：好的，祝您入住愉快！

客　　人：再见！

行李员：再见！（面朝房内退后三步转身而出）

◈◈ 考核标准 ◈◈

项目	操作正确	言语礼貌	语气柔和	语速适中	姿态大方	表情自然
分值	2	1	2	1	2	2

训练项目十八：客人称行李丢失后的处理

▶ 训练目标

通过实训，加强员工的安全防范意识，学会协助调查的方式方法以及具体分析、处理问题的方式方法，学会与客人、员工进行有效沟通。

▶ 准备工作

笔、便笺、模拟总台、预抵店客人名单、住店客人名单等。

▶ 操作程序

听清客人所反映的情况→做好记录→向大堂副理报告→协助调查→尽快答复客人。

▶ **训练方法**

　　教师首先讲明模拟训练的大致内容,说明训练要求及训练时的特别注意事项,然后将学生 7 人一组分为若干个训练小组,分别扮演接待员、大堂副理、客房部经理、安全部经理、客房服务员、小偷及客人之角色,进行客人行李失窃及事后的情景模拟;教师不断巡视、指导、示范,纠正个别错误,集体讲评一般错误。

▌ **情景模拟** ▌

场　景　一

描述

　　客房内一对度蜜月的夫妻锁门外出,两个小偷在楼层上看到这一情况后要求正在其他房间做清扫的服务员为其开门,说要去沙滩上玩,就进去放一下东西。

　　服务员要求他们出示房卡,他俩谎称房卡锁在房内了。服务员为其开门后,眼见着他们脱掉外衣,换上拖鞋后就出来了。

　　过了不久,他们便回来了,又要求服务员为其开门。服务员认出了他们,便开门让他们进去,自己接着打扫房间去了。

　　之后,两人关上房门,立即将房内客人的行李全部洗劫一空,然后悄悄溜出了饭店。

对话

女客人:咱们到外面逛逛去吧。

男客人:好的。走吧。

小偷甲:服务员,麻烦你帮我开一下 689 房间的门。

服务员:好的。先生,请您出示房卡,好吗?

小偷甲:房卡放在房间了,我们就进去放一下东西。

小偷乙:我们要去沙滩的,不拿东西出来。

服务员:好吧。(敲门——通报)

小偷甲:(放下西装,换上拖鞋出门)麻烦你了,谢谢。

服务员:不客气,愿意为您效劳!(锁门)

(大约 10 分钟后,两个小偷回来了)

服务员:您好! 二位! 是不是又要开门了?

小偷甲:是的,房卡带在身上不方便。麻烦你了。

服务员:不客气。你们是头一次来我们饭店吧?

小偷乙:你怎么知道?

服务员:听你们口音好像是北方人。

小偷甲:是的。你真聪明! 你的服务态度也很不错,素质蛮高嘛!

服务员:过奖了,谢谢!

(开房门)

小偷甲:谢谢啊!

服务员：不客气，很高兴能为您服务。再见！

小偷甲：再见！

（开门后，服务员为小偷关上了房门，又继续打扫卫生去了。小偷赶紧穿上衣服，背上客人的行李溜出了饭店）

场 景 二

描述

两位度蜜月的客人回来了。一进房大吃一惊：行李不见了。立即打电话到总台。

对话

女客人：啊，咱们的行李呢？

男客人：赶快，找一找。

女客人：没有啊，到处都没有。怎么办呢？

男客人：打电话给饭店。

（致电）

接待员：您好！总台。我能帮您吗？

男客人：我是689房的，我们的行李不见了，你们赶快上来看一下。我们刚回来，房间里乱七八糟的。早上还好好的呢。快，找你们经理上来，要不我就报警了。（挂断电话）

接待员：天哪！

场 景 三

描述

接待员聆听并记录了客人叙述，并迅速报告大堂副理。大堂副理到房间安慰客人、进一步了解情况，然后立即会同客房部经理、安全部经理展开分析调查。一致认为房门无损能够进房一定是用钥匙开的锁，进而调查在那个时段有哪些钥匙开过房门，后查出是用于客房清扫的钥匙开过房门。于是，致电房务中心，询问谁领取的钥匙，最后找到那名客房服务员进行谈话、调查情况，从而分析判断出行李丢失的过程。

对话

接待员：张经理吗？689房的客人说他们的行李全部丢失了，你赶快上去看一下吧。

张经理：怎么回事？

接待员：我也不太清楚，客人说了这些就挂断电话了。

张经理：好的，我马上去。

接待员：再见！

张经理：再见！

（到客人房间）

张经理：二位好！我是大堂副理，这位是客房部王经理，这位是安全部李经理。

男客人：你们看，刚进门，什么东西也不见了。

女客人：你们这是什么饭店，好好地放在房间的东西都能丢了？

张经理：请您千万别着急、别生气，咱们慢慢说好吗？

王、李经理：是的,别生气,有话好好说,问题一定能得到很好的解决。

张　经　理：在饭店出现这样不愉快的事我首先代表饭店向你们致歉。您看这样好
　　　　　　吗,我们现在就去做分析处理,半小时之后给您一个满意的答复,好吗?

男　客　人：好吧。

张　经　理：先请二位到咖啡厅坐坐,待会儿我们联系您。

男、女客人：好吧。

张　经　理：回见!

张　经　理：王经理,你跟李经理先在房间看看有什么线索,我去查卡,看一下开锁
　　　　　　记录。

王　经　理：好的。

(在总台,计算机查卡)

王　经　理：怎么样了? 有线索吗?

张　经　理：计算机显示,只有清洁 B 卡在 10 点到 11 点开过 689 房门。

王　经　理：B 卡是吗? 小杨,你赶紧致电服务中心,是谁今天领取的 B 卡?

小　　　杨：好的。

(致电)

　　　　　　你好! 我是总台,王经理请你们查一下,今天谁领取的 B 卡做清洁?

服务中心：请稍等! 是王飞。

小　　　杨：哦,是王飞。

张　经　理：什么,王飞? 赶快请她到大堂来。

小　　　杨：好的。

　　　　　　喂,张经理让王飞马上到大堂来。

服务中心：好的。

小　　　杨：再见!

服务中心：再见!

(王飞来到大堂)

王　　　飞：张经理好! 王经理好!

王　经　理：你好! 小王。有点事想跟你谈一下,咱们到办公室坐好吗?

王　　　飞：好的。

(张经理、王经理、王飞三人一起到了办公室)

王　经　理：请坐!

王　　　飞：我做错什么了吗?

王　经　理：没有,请你先别紧张。你是老员工了,我和张经理都很信任你。有些事
　　　　　　想问你一下,好吗?

王　　　飞：好的。

张　经　理：今天你在 6 楼做清洁,使用的是清洁 B 卡,对吗?

王　　　飞：是的。

张　经　理：在 10 点到 11 点你打开过 689 房的门吗?

王　飞：开过，为客人打开过两次。

张经理：你能把当时的情况描述一下吗?

王　飞：是这样的,客人说他们穿着鞋到沙滩上不方便,要我开门放鞋,第二次是从沙滩上回来,说因为带卡出去不方便,所以又要我替他们开门,那两个客人还挺有礼貌的。

张经理：客人是什么样的呢?

王　飞：是两位先生。之前在楼道里走了很久的。

王经理：(致电总台)小杨,你马上帮我查一下689房客人的资料。

小　杨：是桂林的一对夫妻,因为他们是度蜜月来的,所以选择了689房。

王经理：你确定吗?

小　杨：是的,没问题。

王经理：好的。再见!

小　杨：再见!

王经理：小王,你开门时看客人的房卡了吗?

王　飞：没有,因为当时他们说房卡在房间里,他们又急着出去,我看他们只是放东西,所以……

王经理：肯定是两个骗子。

张经理：是的,没问题。

好了,小王,没事了,你先走吧。

王　飞：好的,再见!

张经理：你赶紧去向于总汇报,我去向689房的客人解释。

王经理：好的。

张经理：一会儿见!

王经理：再见!

场　景　四

描述

大堂副理代表饭店到房间向客人道歉,说出处理方案:包赔客人损失,让二位住豪华套房为他们压惊,并免费让他们到海誓山盟涠洲岛旅游,最后客人表示满意。

对话

张经理：非常抱歉,事情大概查清了,由于服务员的疏忽,让两个骗子骗开了门,给你们造成了损失,出现这样的事情我们饭店确实是万分的抱歉! 我想问一下,二位是否要去报警?

男客人：报警肯定要报的,我们刚买的4000多元的照相机,还有那么多衣服,衣服口袋里还装有2000多元的现金,不能就这样莫名其妙地丢了啊。

张经理：您看这样好吗,我的权力范围不能够做主,我马上请示总经理,请你们稍等,10分钟后给您一个满意的答复好吗?

男客人：好吧,快点儿。

张经理：抱歉,二位。我马上过来。

(稍后,三位经理、于总来到客房)

张经理：二位好! 让你们久等了。抱歉!

　　　　这是我们的于总,他来看望你们了。

于　总：二位好! 非常抱歉在我们饭店发生了这样的事情,这是我们谁也不愿意看到的。现在我把我们领导班子对这件事情的处理意见告诉你们,你们看合适不合适?

　　　　第一,对于你们这次的损失,由饭店全部负责赔偿;第二,听说你们是新婚蜜月,这次你们住店所发生的费用由饭店全部买单;第三,饭店再赠送二位海誓山盟涠洲岛之旅。二位看这样处理行吗?

王经理：实在对不起,这确实是饭店的错。我们已经通知全体员工,这件事准备内部通报,今后我们保证饭店不会再出现这样的事情。反过来说,二位也帮了我们一个大忙,给我们上了一节课,让我们知道了自己的欠缺。

男客人：那倒是。

女客人：既然饭店老总都表态了,我看就这样吧。

李经理：这真是好事多磨啊,要不怎能"海誓山盟,海枯石烂"呢! 呵呵!

男客人：谁也不愿意发生这样的事。

女客人：是啊,就这样吧。

于　总：抱歉了! 希望你们海誓山盟涠洲岛玩得愉快!

客　人：再见!

经理们：再见!

◈ 考核标准 ◈

项目	有条不紊 合乎逻辑	言语礼貌	语气柔和	团队精神 配合默契	姿态大方	表情自然
分值	2	1	2	2	1	2

训练项目十九：散客离店结账

▶ 训练目标

通过实训,使学生了解总台收银的基本知识,学会按高星级饭店标准要求跟客人"说话",学会运用语言技巧与客人进行有效沟通,熟练地为客人办理离店结账手续。

▶ 准备工作

工具：计算器、笔、便笺;

设备：配有计算机和电话的模拟总台结账处;

用品：当日离店客人名单、住客账夹、结账单、离店结账卡等。

▶ 操作程序

问候→收回房卡钥匙→通知楼层→调出账单→询问半小时之内的消费→询问感受→递上账单→收回款项→询问是否"返回预订"→道别。

▶ 训练方法

教师首先讲解示范、说明训练要求及训练时的特别注意事项，然后将学生两人一组分为若干个训练小组，分别扮演收银员及客人之角色，进行散客离店结账情景模拟；教师不断巡视、指导、示范，纠正个别错误，集体讲评一般错误。

‖ 情景模拟 ‖

散客离店结账

收银员：您好！我能帮您吗？

客 人：我要退房。

收银员：好的，请您给我房卡、钥匙好吗？

客 人：给你。

收银员：谢谢！张先生，请您稍等！（致电客房中心）你好！8608退房！再见！

客 人：好的。

收银员：张先生，请问，您在半小时之内有过什么消费吗？

客 人：没有。

收银员：好的。您住得还满意吗？

客 人：还行吧。

收银员：希望下次入住一切能令您更加满意。

客 人：但愿。

收银员：张先生，这是您的账单，请您过目。

客 人：没问题。

收银员：好的。张先生，请您在账单上签名。

客 人：好的。给你。

收银员：谢谢！您是以现金结账，对吗？您一共消费8800元，已收您9000元。

客 人：是的。

收银员：找您200元，请您连同账单一并收好。

客 人：谢谢！

收银员：不客气，能为您服务我感到非常荣幸！
　　　　张先生，我能为您的下次出门旅行提前订房吗？

客 人：不必了。

收银员：好的。我们期待着您的再次光临！祝您旅途愉快！

客　人：再见！
收银员：再见！

❖ 考核标准 ❖

项目	程序正确	言语礼貌	语气柔和	语速适中	姿态大方	表情自然
分值	1	2	2	1	2	2

训练项目二十：针对散客特点推销不同档次的客房

▶ **训练目标**

通过实训,明确销售客房的基本知识、程序;掌握销售客房的方法、语言技巧。

▶ **准备工作**

笔,便笺,计算器,模拟工作台,房价表,饭店近期推出的客房促销、奖励活动计划。

▶ **操作程序**

观察、沟通,了解客人需求→使用语言技巧推销客房→采用不同的报价技巧→促使成交。

▶ **训练方法**

教师首先讲解示范、说明训练要求及训练时的特别注意事项,然后将学生两人一组分为若干个训练小组,分别扮演接待员及客人之角色,进行客房销售情景模拟;教师不断巡视、指导、示范、检查,纠正个别错误,集体讲评一般错误。

‖ 情景模拟 ‖

解释房间价格时

客　人：这个房间怎么就 860 元呢?
接待员：此房价听起来确实是高了点,但是房间配有冲浪浴设备,能让您享有全新的体验;床垫、枕头还具有保健功能,在让您充分休息的同时还能起到预防疾病的作用……

给客人比较机会时

客　人：说说你们这儿都有些什么房间?
接待员：靠近湖边,新装修过的客房每晚 500 元;进出方便、别墅式的客房每晚 400 元;还有环境安静、景色优美、在四楼的客房每晚 300 元,您看,您喜欢哪一种?

化不利因素为有利因素时

客　人：房间窗外景色怎样？

接待员：室外景色虽然不够好，但是这间客房非常安静，能让你得到很好的休息……

客　人：房间靠近游泳池是不是不安静啊？

接待员：靠近游泳池的房间可能会有噪声干扰，但是您想游泳却很方便，现在天气很热，游个泳会让您神清气爽……

采用不同的报价方式时

客　人：你们这儿的房价怎样？

（"鱼尾式"报价）

接待员：豪华套房温馨舒适，房内设施设备先进，配有一流的按摩浴缸，保健枕头，还能上网冲浪，入住后您还可享用免费早餐，免费打点行李、擦皮鞋，房价每晚980元。

或

套房采用布艺装饰、家具，能使您置身于西洋艺术氛围之中，给您带来耳目一新的感觉、美的享受；入住后还可享受免费早餐，免费打点行李……房价每晚980元。

（"三明治式"报价）

接待员：商务套房配有高贵、典雅的欧式家具，古典中不失时尚，颇具艺术气息，房价每晚980元；这样的房间非常适合您的身份，这个房价中还包括一份早餐，一张免费的健身卡，一张洗衣中心西服免费熨烫单……

（"冲击式"报价）

接待员：标准间，每晚280元，房内高清晰大屏幕电视能收看86个免费频道，还可以欣赏到收费节目，能让您真正享受电视精神大餐……

遇到犹豫不决的客人时

客　人：让我想想，到底住不住呢？

接待员：要不这样，您先办手续住下，如果您对房间感到不满意，明天我们再给您换房，您看好吗？

❈ 考核标准 ❈

项目	恰当销售	言语技巧	语气柔和	语速适中	姿态大方	表情自然
分值	3	2	2	1	1	1

训练项目二十一：妥善处理常见的客人投诉

▶ 训练目标

通过模拟投诉案例中问题的处理，使学生能够做到举一反三，掌握处理客人投诉的正确程序及方法。

▶ **准备工作**

笔、便笺、模拟总台或大堂副理值班台、总台交接班记录本、大堂副理值班日志。

▶ **模拟案例**

某饭店的一位女客人匆匆从电梯出来直奔大堂口的旋转门。她一边走,一边还在整理自己的背包。旋转门得到感应后缓缓移动。突然,只听得砰的一声,显然那位女客人撞到了厚厚的玻璃门上。大堂副理赶紧上前查看情况。女客人怒气冲冲,说撞疼了头,丝袜也被勾破了,要求给个说法。

▶ **操作程序**

道歉→"降温"→聆听→理解、同情→不转移目标→记录要点→告知处理方式、所需时间→立即行动→检查落实→表示感谢→立即改善→归类存档。

▶ **训练方法**

教师首先给出案例,说明训练要求及训练时的特别注意事项,然后将学生两人一组分为若干个训练小组,分别扮演大堂副理及客人之角色,进行所设定的投诉案例情景模拟;教师不断巡视、指导、纠正、示范、检查。

▌ **情景模拟** ▌

碰疼了头、勾破了丝袜怎么办

客　　人:你们这是什么破饭店,还没出门就碰了头,勾破了袜子,你得给个说法。

大堂副理:张女士,请您千万别生气,对我们工作中的失误我感到非常抱歉。我先领您到医务室看看好吗?

客　　人:这有什么好看的!

大堂副理:那请您到我办公室,咱们慢慢说好吗?

客　　人:好吧。

大堂副理:张女士,您请坐!先喝杯水。(一同坐在沙发上)

客　　人:我真倒霉!还没出门就撞了头,连袜子都破了。你们这是什么饭店……

大堂副理:在这儿让您遇到这样的麻烦,我再次代表饭店向您表示歉意。这完全是我们的失误。谢谢您及时跟我说这件事情。张女士,如果我没听错的话,您刚才的问题主要是旋转门碰疼您的头,还勾破了您的丝袜,是吗?

客　　人:是的,你说怎么办吧?

大堂副理:张女士,您看这样好吗?首先在您住店期间发生这样的不愉快,我代表饭店再次向您道歉!然后我马上带您到医务室看医生;碰坏了您的丝袜,随后饭店会为您重新买一双作为对您的补偿。

客　　人：你这个人态度还真不错。看医生就不必了,我现在头不怎么疼了。买袜子就免了吧。

大堂副理：您真是通情达理,非常感谢您的体贴! 这样,下次您再住店时,饭店一定给您七折的优惠。

客　　人：好吧。

大堂副理：再次感谢您给我们提出了问题。

客　　人：好了,好了,我还得出门呢。

大堂副理：请您慢走!

客　　人：再见!

大堂副理：再见!

(事后,致电客人)

大堂副理：张女士,您好! 我是大堂副理。您的头没有什么大碍吧?

客　　人：没事了。

大堂副理：张女士,非常感谢您向我们诉说问题,我们一定会更好地改进服务质量。希望您下次入住时一切都能令您满意!

客　　人：好的,谢谢!

大堂副理：不客气,能为您服务我感到非常荣幸!

客　　人：再见!

大堂副理：祝您入住愉快! 再见!

◈ 考核标准 ◈

项目	程序正确	言语礼貌	语气柔和	语速适中	姿态大方	表情自然
分值	2	2	2	1	1	2

第3篇

客房服务基本功

训练项目一：楼层迎宾服务

▶ **训 练 目 标**

通过实训,掌握客人抵店时迎接服务的程序和相关注意事项,能够按照操作规范正确接待抵店客人。

▶ **准 备 工 作**

房间钥匙、行李。

▶ **操 作 程 序**

站立迎接→迎候→引领客人进房→介绍设施设备→记录。

▶ **训 练 方 法**

教师首先示范讲解,再讲明训练要求及训练时的特别注意事项,然后将两名学生分为一组,分别模拟客房楼层服务员及客人的角色,进行迎宾服务情景模拟训练,教师不断巡视、指导、检查、示范,纠正个别错误,集体讲评一般错误。

▌ 模拟练习 ▌

(着装规范,面带微笑,标准站姿站好,梯口迎候客人;客人出电梯后,主动问候)

楼层服务员：您好！欢迎光临！我是五楼服务员,很高兴为您服务。

客　　　人：你好！503 房间在哪边？

楼层服务员：503 房在右边。(打手势)

　　　　　　您是王先生吧？

客　　　人：是的。

楼层服务员：王先生,请跟我来！(接过客人手中的行李,走在客人左侧前方 1m 处引领)

客　　　人：谢谢！

楼层服务员：不客气！能为您服务我感到非常荣幸！

　　　　　　王先生您的房间到了。(按规范敲门进房)

　　　　　　(打手势)请进。王先生,您的行李放在这儿可以吗？

客　　　人：可以。

楼层服务员：您觉得这间房怎么样？

客　　　人：还不错。

楼层服务员：王先生,我能为您介绍房内设施设备的使用情况吗？

客　　　人：好的。

楼层服务员：冰箱里有收费的酒水饮料,饮用后请您及时填写饮料单;电视1～5频道是收费节目,如果您想观看,请拨打电话 123;如果您想了解山西的地理概况、旅游景点、风土人情、饭店各部门的服务信息,饭店自办节目会为您提供详尽的信息。

客　　　人:好的,谢谢!

楼层服务员:不客气。王先生,您还有什么需要吗?

客　　　人:没有。

楼层服务员:祝您愉快! 再见!(后退三步转身离开)

◈ 考核标准 ◈

项目	程序正确	言语礼貌	语气柔和	介绍清晰明了	姿态大方	表情自然
分值	1	1	2	2	2	2

训练项目二:会客服务

▶ 训练目标

通过实训,掌握住店客人会客服务的规程和相关注意事项,掌握正确接待来访客人的方法。

▶ 准备工作

准备好各种物品:茶叶、茶杯、饮料、托盘、折椅。

▶ 操作程序

接待访客,详细登记访客的姓名、身份和证件号码→征求住店客人意见→住客同意后将来访者引领到住客房间→提供茶水服务,根据客人的要求,增添饮料,及时加座→访客走时,应热情欢送客人→撤出加椅、杯具→记录访客的离店时间。

▶ 训练方法

教师首先示范讲解,再讲明训练要求及训练时的特别注意事项,然后将学生每两名分为一组,分别模拟客房楼层服务员及客人的角色,进行会客服务情景模拟训练,教师不断巡视、指导、检查、示范,纠正个别错误,集体讲评一般错误。

▌ 模拟练习 ▌

楼层服务员:您好! 我能为您做些什么吗?

客　　　人:你好! 我想找 503 房间的李先生。

楼层服务员:请问您的姓名、工作单位?

客　　　人：我是保险公司的王磊。

楼层服务员：王先生请您稍等。（电话联系李先生，客人同意和访客见面）

　　　　　　对不起让您久等了。王先生，请往这边走。（在客人左前方 1m 处引领）

　　　　　　（按规范敲门进房）

　　　　　　李先生，您好！王先生到了。

（稍后，茶水服务）

楼层服务员：李先生，给您送茶水。我可以进来吗？（按规范敲门进房）

客　　　人：请进！

楼层服务员：李先生，请用茶；王先生，请用茶！（请的手势）

客　　　人：谢谢！

楼层服务员：不客气！愿意为先生们效劳！

　　　　　　李先生，您还有什么需要吗？

客　　　人：没了。

楼层服务员：好的！祝二位愉快！再见！

（后退三步转身离开）

❖ 考核标准 ❖

项目	程序正确	言语礼貌	语气柔和	操作规范	姿态大方	表情自然
分值	1	1	2	2	2	2

训练项目三：客房小酒吧服务

▶▶ 训练目标

通过对客房小酒吧服务的实训，掌握小酒吧服务程序、操作规范，能正确、熟练地完成服务工作。

▶▶ 准备工作

酒水单、各种饮料。

▶▶ 操作程序

检查酒水→核对→记账→补充酒水。

▶▶ 训练方法

教师首先示范讲解，再讲明训练要求及训练时的特别注意事项，学生进行模拟练习，教师不断巡视、指导、检查、示范，纠正个别错误，集体讲评一般错误。

模拟练习

步　骤	动　作　规　范	要　　　求
检查酒水	检查酒水消耗情况 检查有无过期酒水、食品	走客房要及时检查 认真清点核对
核对	核对客人填写的酒水单与实际消耗是否一致	逐一核对,酒水单内容要与实际消耗数量、品种一致
记账	将饮料单送至客房服务中心	单据填写齐全,及时送交
补充酒水	按饭店规定数量、品种补充齐全酒水	数量、品种、摆放位置符合饭店规定要求

考核标准

步　骤	动　作　要　求	分　值
检查酒水	及时检查	3
核对	逐一核对,认真无误	2
记账	单据内容填写完整,及时记账	2
补充酒水	按饭店规定数量、品种补充齐全酒水	3

训练项目四：擦鞋服务

▶ 训练目标

通过对擦鞋服务的实训,掌握擦鞋程序,操作规范,能正确、熟练地完成对客服务。

▶ 准备工作

准备好鞋篮、报纸、鞋油。

▶ 操作程序

收取皮鞋→ 擦鞋→ 送鞋。

▶ 训练方法

教师首先示范讲解,再讲明训练要求及训练时的特别注意事项,然后将学生每两名分为一组,分别模拟客房楼层服务员及客人的角色,进行擦鞋服务情景模拟,教师不断巡视、指导、检查、示范,纠正个别错误,集体讲评一般错误。

▌▌ 模拟练习 ▌▌

步　骤	动作规范	要　求
收取皮鞋	把房号写在纸上放入鞋内,以免发生差错	写清房号
擦鞋	（1）在皮鞋下垫一张废报纸,用抹布擦掉鞋上的尘土 （2）根据皮鞋颜色选择合适的鞋油 （3）在皮鞋上涂上适量的鞋油,用相应的鞋刷把鞋油擦均匀 （4）用擦鞋布再擦一遍	服务员一般只替宾客擦黑色皮鞋
送鞋	在次日早晨客人起床前,按鞋上的房间号放在房间门前的一侧	位置得当

❖ 考核标准 ❖

项目	程序正确	擦拭正确	送还及时	核对认真
分值	3	3	2	2

训练项目五：洗衣服务

▶ 训练目标

通过对收洗客衣的训练,掌握收洗客衣程序,操作规范,能正确、熟练地完成对客服务。

▶ 准备工作

洗衣单、洗衣袋、客房钥匙。

▶ 操作程序

按要求敲门进房收取衣服→ 当面点清宾客衣物的数量→ 检查衣物有无破损、脱色、污渍等情况→ 明确衣物洗涤方法（干、湿洗）→ 请客人在洗衣单上签字,单上填清宾馆实收数量→ 所收衣服统一送至服务中心由服务中心通知洗涤部收洗→服务中心对送洗的衣服逐件进行清点登记,注明各房间衣物颜色和特征→ 当日收取的衣物在次日 12 时前送回。

▶ 训练方法

教师首先示范讲解,再讲明训练要求及训练时的特别注意事项,然后将学生每两名分为一组,分别模拟客房楼层服务员及客人的角色,进行洗衣服务情景模拟;教师不断巡视、指导、检查、示范,纠正个别错误,集体讲评一般错误。

模拟练习

楼层服务员：您好！客房服务员。(按规范敲门进房)

客　　　人：请进。

楼层服务员：李先生,您好,您有衣服要洗吗？

客　　　人：是的,我需要洗一些衣服。

楼层服务员：您的这两件西服需要干洗,是吗？(检查衣物)

客　　　人：是的。

楼层服务员：李先生请您在这里签字。我们将在明天上午给您送回,您看可以吗？

客　　　人：好的,谢谢。

楼层服务员：不客气！很愿意为您效劳！李先生,您还什么需要吗？

客　　　人：没有了。

楼层服务员：祝您入住愉快,再见！

考核标准

项目	程序正确	言语礼貌	语气柔和	姿态大方	填写规范	核对认真 交接清楚
分值	1	1	2	2	2	2

训练项目六：租借物品服务

训练目标

通过对租借物品服务的实训,掌握租借物品服务的知识、服务程序,能正确、熟练地完成对客服务。

准备工作

准备好各种相应租借物品及租借物品单。

操作程序

记录客人房号、租借物品名称、时间→ 填写物品租借单→ 将租借物品送至客房,提醒其注意使用安全→ 服务员在交接班时,将客人租借物品的情况及手续移交下一班次,以便继续服务→ 对客人租出的物品服务员要注意收回,并记录收回物品的时间、数量及经手人。

训练方法

教师首先示范讲解,再讲明训练要求及训练时的特别注意事项,然后将学生每两名分为一组,分别模拟客房楼层服务员及客人的角色,进行租借物品服务情景模拟,教师不断巡视、指导、检查、示范,纠正个别错误,集体讲评一般错误。

模拟练习

服务员:(电话铃响)您好,客房服务中心。

客　人:我想用熨斗,饭店有吗?

服务员:有的,请问您什么时间用? 您的房间号是?

客　人:现在用,房号是503。

服务员:好的,马上给您送去。再见!

(稍后)

服务员:(敲门,通报)您好! 客房服务员。

客　人:请进!

服务员:张女士,这是您要用的熨斗,用时请您先在这里注入一小杯水,再接通电源,
　　　　然后打开这个开关就可以使用了。

客　人:好的,谢谢。

服务员:不客气,很高兴为您效劳。
　　　　张女士,您还有什么需要吗?

客　人:没有了。

服务员:祝您入住愉快! 再见!

客　人:再见!

考核标准

项目	程序正确	言语礼貌	语气柔和	介绍清晰	姿态大方
分值	2	2	2	2	2

训练项目七:查房服务

▶ 训练目标

通过对查房服务的实训,掌握走客房的检查程序及操作要点,能正确、熟练地完成查房服务。

▶ 准备工作

客房一间、客房记录本。

▶ 操作程序

检查→ 通知→ 善后处理→ 登记。

▶ **训练方法**

　　教师首先示范讲解,再讲明训练要求及训练时的特别注意事项,然后学生模拟练习,教师不断巡视、指导、检查、示范,纠正个别错误,集体讲评一般错误。

▌▌ **模拟练习** ▌▌

步　骤	动 作 规 范	要　　求
进房	得到通知立即进房	按进房程序进房
检查	设备有无损坏、物资用品有无丢失现象 检查客人有无遗留物品 检查小酒吧酒水使用情况	如有损坏、丢失要及时通知前台请客人赔偿 做好登记并及时归还客人,来不及送还时,要交客房部办公室 如有饮用情况要通知前台
通知	如发现问题立即报告管理人员和前台客房情况	3min 内完成
记录	在客房记录本上记录查房情况	填写认真

◈ **考核标准** ◈

项目	程序正确	动作迅速	认真仔细 无遗漏	善后工作 处理得当
分值	3	1	3	3

训练项目八：敲门进房

▶ **训练目标**

　　通过敲门进房的实训,明确客房是客人的私人领域,要尊重客人的隐私;培养进房前观察和思索的意识,养成敲门进房的习惯。

▶ **准备工作**

　　客房、客房钥匙。

▶ **操作程序**

　　观察→ 敲门(按门铃)→ 反应→ 开锁→ 开门→ 进房。

▶ **训练方法**

　　教师首先示范讲解,再讲明训练要求及训练时的特别注意事项,学生进行模拟练习,教师不断巡视、指导、检查、示范,纠正个别错误,集体讲评一般错误。

模拟练习

步　骤	动　作　规　范	要　　求
观察	观察是否挂有"请勿打扰"牌、"请勿打扰"指示灯、上"双锁"	目光扫视
敲门	手指微弯曲,以中指第二关节部位轻敲门两次,每次三下,并报称"Housekeeping"(相隔3~5s)	站在距离房门40cm处,立正站好眼望窥视镜,表情自然大方
按门铃	按铃,清晰地报称"Housekeeping"并等客人反应	要体现文明服务
反应	若听到客人有回应,服务员应说:"客房服务员,请问,现在可以为您清洁房间吗?"并等客人开门;如房内无反应,服务员方可用钥匙开门	姿势要自然,即使遇上客人也应大方得体
开锁	手持磁卡,对准匙孔平行插至尽头(感应门锁则将钥匙离锁1cm左右),停留时间约1s,然后拔出,门锁显示亮绿灯,方可转动门把手,推开门后应将磁卡插入取电器口	在操作过程中,身体与门要保持30cm的距离
开门	开左边门用左手,开右边门用右手,把门轻轻推开,贴至门吸上	缓缓把门推开并报称"Housekeeping"

考核标准

项目	操作熟练	姿态大方	语气柔和	站位正确	轻重、节奏得当
分值	2	2	2	2	2

训练项目九:准备布草车

▶ 训练目标

通过对布草车准备的实训,掌握准备布草车的程序、要点,能正确、熟练地准备好一架布草车。

▶ 准备工作

布草车、布草、清洁用具、客用品、垃圾袋、布草袋。

▶ 操作程序

清洁布草车→ 挂垃圾袋、布草袋→ 摆放布草→ 摆放客用品→ 放置清洁用具。

▶▶ **训练方法**

教师首先示范讲解,再讲明训练要求及训练时的特别注意事项,然后学生进行模拟练习,教师不断巡视、指导、检查、示范,纠正个别错误,集体讲评一般错误。

模拟练习

步　骤	动作规范	要　求
清洁布草车	用半湿毛巾将全车内外清洁干净 注意检查车有无故障	仔细认真,每周星期六对车身上一次金属保养剂
挂垃圾袋、布草袋	将垃圾袋及布草袋分别挂在车身两端的挂钩上	全部扣紧
摆放布草	先将床单、被罩、枕头套放进最底层架,把较重的浴巾、地巾类放在中间层架,把手巾、面巾、工作布放在上层架	重物在下,轻物在上
摆放客用品	将房间及浴室供应品放在顶层架上	取用方便
放置清洁用具	将清洁用品放于清洁桶内,放在垃圾袋下	清洁用品齐全

考核标准

步　骤	动作要求	分　值
清洁布草车	全车内外清洁干净无故障	3
挂垃圾袋、布草袋	垃圾袋及布草袋挂放合理	1
摆放布草	摆放整齐、合理、使用方便	2
摆放客用品	摆放整齐、合理、使用方便	2
放置清洁用具	清洁用品齐全	2

训练项目十：吸尘器的使用

▶▶ **训练目标**

通过对吸尘器使用方法的培训、练习,使学生能够正确地使用吸尘器,能够熟练地使用吸尘器进行清洁工作。

▶▶ **准备工作**

准备好吸尘器、一间客房。

▶ **操作程序**

开机→ 吸房间地毯→ 吸卫生间→ 关机→ 收机→ 摆放。

▶ **训练方法**

教师首先示范讲解,再讲明训练要求及训练时的特别注意事项,学生进行模拟练习;教师检查、指导、示范,纠正个别错误,集体讲评一般错误。

模拟练习

步　骤	动　作　规　范	要　　求
开机	把电线插头插上,确认吸尘器设备正常及备件齐全后,把吸尘器拉入房内,打开电源开关	操作姿势是:双手握住吸管,拱起腰背,身体与握吸管的手成60°
吸房间地毯	把把头上的毛刷转换开关关上,使吸尘器恢复吸地毯时的工作状态,从落地灯所在的位置开始吸尘,边吸边慢慢后退,直至房门口	吸地毯尘时,要将吸尘器把头向同一方向推拉,以确保地毯的平整
吸卫生间	先把耙头上的毛刷转换开关打开,使吸尘器耙头不直接接触地面,然后开始操作	要注意保护设备
关机	把吸尘器的开关关上,然后拔下电线插头	不要未关上吸尘器便直接断开电源;不要直接抓住电线从电源插座上拉开插头
收机	将电线绕在吸尘器的盖上	避免电线扭成一团
摆放	把吸尘器斜靠在走廊靠近房一侧的墙上,吸管不能卧放在走廊地毯上	防止吸尘器绊到客人,按规定位置整齐摆放楼层操作工具

考核标准

项目	程序正确	动作熟练	认真仔细无遗漏	操作方法正确
分值	2	2	3	3

训练项目十一：撤床

▶ **训练目标**

通过撤床的练习,使学生掌握正确的撤床程序和操作要领,养成良好的操作习惯。

▶ **准备工作**

床、床上用品。

▶ **操作程序**

拉床→ 撤布件→ 放入布件袋。

▶ **训练方法**

教师首先示范讲解,再讲明训练要求及训练时的特别注意事项,学生模拟练习;教师不断巡视、指导、检查、示范,纠正个别错误,集体讲评一般错误。

模拟练习

步　骤	动　作　规　范	要　　　求
拉床	站在床尾,屈膝下蹲,用双手将床架连同床垫拉开,使之距床头板 50cm	虚蹲
撤床尾巾	沿床尾巾中线对折	折叠整齐,放于椅子或沙发上
撤被套	解开被套口,一手执被套顶端,一手将被芯从被套中拉出	被套正面朝外,轻轻抖动,确认有无其他物品
撤枕头套	一手执枕头套角,一手轻轻将枕芯从枕套中拉出	枕套正面朝外;检查枕下有无客人遗留物品
撤床底单	从床尾部位将底单拉出,注意抖动,单独放置	布件要一件件撤,注意床垫、床单有无破损、污渍,是否夹带有客人物品;禁止生拉硬拽,野蛮操作
收布草	把脏布草放在布草车上的布草袋里	脏布件要正面朝外卷好放在布草袋里

考核标准

步　骤	动　作　要　求	分　值
拉床 撤床尾巾	床拉开使之距床头板 50cm 操作姿势正确	3
撤被套	操作正确,注意抖动,检查	2
撤枕头套	操作正确,注意抖动,检查	2
撤床底单	操作正确,检查床单,避免硬拽	2
收布草	正面朝外,把脏布草放在布草车上的布草袋里	1

训练项目十二:西式铺床

▶ **训练目标**

通过西式铺床的实训,掌握西式铺床的程序及操作要领,养成良好的操作习惯,并且能在规定时间内按要求熟练地完成操作。

▶▶ **准备工作**

准备好干净布草。

▶▶ **操作程序**

拉床→ 铺一单→ 铺二单→ 铺毛毯→ 套枕套→ 铺床罩→ 床复原。

▶▶ **训练方法**

教师首先示范讲解，再讲明训练要求及训练时的特别注意事项，学生进行模拟练习；教师不断巡视、指导、检查、示范，纠正个别错误，集体讲评一般错误。

模拟练习

步 骤		动作规范	要 求
拉床		双手把床拉开使之距床头板50cm，检查和整理床垫与保护垫	铺床前应注意检查床垫和保护垫，发现有弄脏的要及时更换并清洗
铺一单	开单	一只手抓单头，另一只手抓单尾，然后双向拉开床单	床尾中间操作
	打单	一只手抓单尾，另一只手由上而下打散单头	不要用力太猛，注意要将单头打开弄散
	抛单	正面朝上，一只手抓单尾，呈直线形将单头抛向床头	身体向前靠
	甩单	左右手分别抓住单尾平行于中线的左右两线，把双手轻轻举起，以水平线高度向上提70°左右，向下甩单	中线居中，单面平整，四边均匀下垂
	包角	包角从床尾做起，按先中间后两边的要求用双手将床尾下垂部分的床单同时掖进床垫下面，包右角，左手将右手侧下垂的床单拉起折角，右手将折角部分床单掖入床垫下面，然后左手将折角往下拉紧包成直角，同时右手将包角下垂的床单掖入床垫下面；包左角方法与右角相同，但左右手的动作相反；床尾两角与床头两角包法相同	注意提起软垫，不要过度地用力，以免把床单弄松弄散
铺二单		反面朝上，一只手抓住单尾，呈直线形将单头抛向床头，然后按甩单的步骤做，床单自然落下时，双手顺势将床单整齐拉至齐床头部	也可在床头操作

续表

步　骤		动　作　规　范	要　求
铺毛毯	毛毯定位	商标朝上,位于床尾,毛毯离床头25cm。毛毯要平坦,无褶皱,商标应在床尾右下角	
	包盖毛毯头	用二单反向折起包盖住毛毯	二单包盖毛毯时,要注意平整地覆上
	塞边	双手将毛毯及二单同时塞入床垫下	
	包角定位	二单同毛毯一起塞边包角	方法要求同一单
套枕套		抖开枕套,平放在床上,右手拿枕芯,左手撑开枕套口,上下抖动枕芯,将枕芯套入枕套;两枕头重叠平放在床头中间,离床头板5cm,整理好四角	枕头要外形平整挺括,四角饱满。摆放时,枕套口反向于床头柜
铺床罩		从床尾开始铺床罩,然后把床罩左右及尾部饰布自然放下,在床头与毛毯齐口处,把床罩复折,将床罩铺在枕头下,把床罩多余部分塞在两个枕头之间,并整理好两边	床罩一定要平整、无褶皱,而且遮盖住枕头
床复原		单脚跪地,双手轻轻托起床尾,对正床头板位置慢慢地把床推回原处	床头与床头板对称,注意床头要摆正在床头板中间位置

◈ 考核标准 ◈

步　骤	动　作　要　求	分　值
拉床	拉床姿势正确,距离适当并检查和整理好床垫	1
铺一单	一次到位,正面朝上,中线居中、四边均匀下垂,包角方向一致、挺括成90°	2
铺二单	反面朝上,中线居中、四边均匀下垂,床单单头齐床头	2
铺毛毯	毛毯平坦,无褶皱,毛毯离床头25cm,商标应在床尾右下角;包角方向一致,挺括成90°	2
套枕套	四角饱满,外形挺括,开口方向正确	1
铺床罩	平整、无褶皱,而且遮盖住枕头,整体美观	1
床复原	推床姿势正确,床头与床头板对称	1
备注	时间3min;每延长10s扣1分	

训练项目十三：中式铺床

▶▶ 训练目标

通过中式铺床的实训，使学生掌握中式铺床的程序及操作要领，养成良好的操作习惯，并且能在规定时间内按要求完成操作。

▶▶ 准备工作

准备好干净布草。

▶▶ 操作程序

拉床→ 铺一单→ 套被套→ 套枕套→ 床复原。

▶▶ 训练方法

教师首先示范讲解，再讲明训练要求及训练时的特别注意事项，学生进行模拟练习；教师不断巡视、指导、检查、示范，纠正个别错误，集体讲评一般错误。

▌▌ 模拟练习 ▌▌

步　骤		动作规范	要　求
拉床		双手把床拉开，使之距床头板50cm，并检查和整理好床垫与保护垫	铺床前应注意检查床垫和保护垫，发现有弄脏的要及时更换并清洗
铺一单	开单	一只手抓单头，另一只手抓单尾，然后双向拉开床单	床尾中间操作
	打单	一只手抓单尾，另一只手由上而下打散单头	不要用力太猛，注意要将单头打开弄散
	抛单	正面朝上，一只手抓单尾，呈直线形将单头抛向床头	身体向前靠
	甩单	左右手分别抓住单尾平行于中线的左右两线，把双手轻轻举起，以水平线高度向上提70°左右，向下甩单	中线居中，单面平整，四边均匀下垂
	包角	从床尾做起，按先中间后两边的顺序将床尾下垂部分的床单掖进床垫下面，包右角，左手将右手侧下垂的床单掖入床垫下面，右手将右角部分床单掖入床垫下面，然后左手将折角往下拉紧包成直角，同时右手将包角下垂的床单掖入床单下面；包左角方法与右角相同，但左右手的动作相反；床尾两角与床头两角包法相同	注意托起床垫时，不要抬得过高，以免把床单弄松弄散

续表

步　骤		动 作 规 范	要　求
套被套	甩被套	被套平铺于床上,中线居中,将被套开口打开	床尾中间操作
	套被子	以左手拿着被子一角塞进被套左内角,右手抓着被子的左外角被套,左手沿着被套边顺势抽出;同样以右手拿着被子一角塞进被套右内角,左手抓着被子的右外角被套,右手沿着被套边顺势抽出;双手抖动使被褥均匀地装进被套中,系好被套口	操作干净利落
	整理	被子前端与床头齐,四周下垂的尺度相同,表面平整。床头被子向上折起距床头 45cm,床尾被子两角折成直角	被子铺在床上要平整、紧贴
套枕套		抖开枕套,平放在床上,右手拿枕芯,左手撑开枕套口,上下抖动枕芯,将枕芯套入枕套。两枕头重叠平放在床头中间,离床头板 5cm,整理好四角	枕头要外形平整挺括,四角饱满。枕套口反向于床头柜
铺床尾巾		抓住平行于中线的左右两线正面朝上平铺于床尾被面上	床尾巾一定要铺平整、美观,距床尾 10cm
床复原		单脚跪地,双手轻轻托起床尾,对正床头板位置慢慢地把床推回原处	床头与床头板对称,注意床头要摆正在床头板中间位置

❖ 考核标准 ❖

步　骤	动 作 要 求	分　值
拉床	拉床姿势正确,距离适当,并检查和整理好床垫	1
铺一单	一次到位,正面朝上,中线居中、四边均匀下垂,包角方向一致、成挺括 90°	2
套被套	正面朝上,中线居中、四边均匀下垂,被头离床头25cm,铺在床上平整、紧贴	4
套枕套	四角饱满,外形挺括,开口方向正确	1
铺床尾巾	平整、无褶皱,整体美观	1
床复原	推床姿势正确,床头与床头板对称	1
备注	时间 3min;每延长 10s 扣 1 分	

训练项目十四：卧室的清扫

▶ 训练目标

通过卧室清扫的实训,掌握卧室清扫的程序及标准,养成良好的操作习惯,并且能在规定时间内按要求完成清扫任务。

▶▶ **准备工作**

准备好房务工作车、干湿擦布、吸尘器。

▶▶ **操作程序**

开→ 清→ 撤→ 做→ 擦→ 查→ 添→ 吸→ 关→ 登。

▶▶ **训练方法**

教师首先示范讲解,再讲明训练要求及训练时的特别注意事项,学生进行模拟练习;教师不断巡视、指导、检查、示范,纠正个别错误,集体讲评一般错误。

‖‖ **模拟练习** ‖‖

步　骤		动 作 规 范	要　　求
开		按进房程序进房,挂"正在清扫"牌;在卫生报表上填写开始做房的时间;开灯、开空调、开窗帘	及时填写表格,确保原始记录的准确性;房门大开
清		清理烟灰缸、垃圾	烟灰缸中的烟灰倒在废纸中包住,放入垃圾桶
撤	撤杯具	把客人用过的杯具撤出放于布草车上,如杯内有水则先将水倒掉	撤杯时注意杯内有无客人物品,有则不要撤出
	撤壶具	把电热水壶拿到卫生间倒掉剩水,洗干净壶具并放回到咖啡台上	擦干外表
	撤床	详见本篇训练项目十一	
做		铺床,详见本篇训练项目十二、训练项目十三	
擦	门	手拿折叠好的干湿两块抹布,从上到下擦门框和门板	擦的过程要从门开始,顺时针操作,从上至下、从里到外进行,先湿后干
	衣柜	依次擦:衣柜门、棉被架、衣刷、应急灯开关控制板、挂衣杆、衣架、行李架、鞋篮	所有物品擦完后要按标准位置摆放好
	房间镜	先用湿布擦镜框,再用干抹布擦镜面	呈圆形擦镜面,明亮、无渍
	组合柜	用抹布依次擦行李柜→抽屉→柜底木饰边→台灯→组合柜面→冰箱柜→柜底木饰边	注意边角位的清洁;检查家具是否有脱漆或破损现象
	梳妆凳	凳边周围要擦,要检查凳面有无头发等杂物	干净、无尘

续表

步　骤		动　作　规　范	要　　求
擦	电视机	用干布擦屏幕,擦机身、遥控器	按规定调好频道
	冰箱	用干布擦冰箱外壳,打开冰箱检查,并把装有水的冰箱托盘取出,把水倒进卫生间脸盆内	干净、无污渍、无异味
	咖啡台	擦台面及台脚	干净、无尘
	圈椅	擦圈椅的木边及椅脚,然后用干布擦垫及垫板	无杂物,擦后要复原
	托盘	将托盘上的东西移开,用湿布擦托盘,去除污迹,然后将物品复原	无尘、无水渍;所有物品擦完后,要按标准位置摆放好
	壶具	洗干净壶具后,用干净的抹布擦干内胆,并将其放回托盘上,将电热水瓶的专用电线入套放在托盘后面	壶具光亮、无尘、无水渍、无异味
	床头柜	从床头柜上的木饰条开始擦,一直擦到柜底	顺便检查床底是否有杂物
	挂画	擦画框,玻璃面	干净、无尘
	灯具	用干抹布擦灯泡、灯罩,然后擦灯杆、灯座、灯盘,擦后要开灯	不能打开灯来做清洁,也不能用湿布去擦灯具
	开关控制板	用干抹布擦干净整个开关控制板	若有手印等污渍,可用除渍剂来清洁
	卫生间门	用抹布擦卫生间门框和门板	注意检查门板是否有脱漆或破损现象
	地脚线	从左至右擦地脚线一圈	确保无污渍、无灰尘
查		检查设备设施是否齐全、完好无缺,看是否有漏整理的部位	在擦抹的同时顺便检查;空调应复原到规定位置;在检查过程中,如发现设备设施损坏应及时报修
添		按规定要求,补充客人用过的物品: A. 茶叶用过要补充;B. 火柴用过要补充;C. 杯具用过要更换; D. 垃圾袋用过要更换、补充	保证房间内日供给客人的物品齐全完好,并按规格整齐摆放
吸		打开吸尘器开关,双手握住吸管,挺起腰背,身体与握吸管的手成 60°,从落地灯所在的位置开始吸,咖啡台附近→组合柜附近→床底→床头柜附近→衣柜内→走道→卫生间,慢慢后退,直至房门口	吸地毯时要将吸尘器把头向同一方向推拉,以确保地毯的平整
关		关上房间、灯具总开关、空调;关好房门,取下清洁牌	操作轻
登		在报表上记下完成工作时间	记录及时、准确

◈ 考核标准 ◈

步　骤	动 作 要 求	分　值
开	按进房程序进房，挂"正在清扫"牌；在卫生报表上填写开始做房的时间；开灯、开空调、开窗帘	1
清	烟灰缸、垃圾倒入指定位置	0.5
撤	依次撤出杯具放于布草车上；电热水壶倒掉剩水并洗干净；撤床	1
做	按铺床标准操作	1
擦	按顺序依次擦尘无遗漏，所有物品擦完后按规定摆放好	2
查	检查设备设施是否齐全、完好无缺，看是否有漏整理的部位	1
添	物品齐全完好并按规格整齐摆放	1
吸	操作方法、操作姿势正确；吸尘彻底	1
关	操作正确	1
登	记录及时、准确	0.5

训练项目十五：卫生间的清扫

▶ **训练目标**

通过卫生间清扫的实训，掌握卫生间清扫的程序及标准，养成良好的操作习惯，并且能在规定时间内按要求完成清扫任务。

▶ **准备工作**

准备好房务工作车、干湿抹布、吸尘器、各种清洁剂、消毒剂。

▶ **操作程序**

进卫生间→ 喷清洁剂→ 撤垃圾、布件→ 清洗→ 擦干→ 消毒→ 添补→ 吸地→检查。

▶ **训练方法**

教师首先示范讲解，再讲明训练要求及训练时的特别注意事项，学生进行模拟练习；教师不断巡视、指导、检查、示范，纠正个别错误，集体讲评一般错误。

模拟练习

步　骤		动 作 规 范	要　求
进		携带清洁篮和小垫毯进卫生间,先把小垫毯放在卫生间门口,把清洁篮放在云石台面靠门口的一侧	小垫毯要摊开放好在卫生间门口,以免损坏房间地毯
喷		从清洁篮里取出清洁剂喷壶向面盆、浴缸、淋浴房、马桶内喷清洁剂,然后将喷壶放回原处	喷清洁剂时,喷嘴离清洁面保持20cm的距离较为适宜
撤		把客人用过的布草逐条打开检查是否夹带有其他物品,然后放入布草袋中;将客人用过的香皂、浴液、洗发液分类放在清洁篮内;用过的牙具等杂物应放在垃圾桶内,然后把垃圾桶内的垃圾袋卷起放入布草车的垃圾袋中	撤物品的过程中,要仔细检查有无客人的物品
清洗	清洁卫生间墙壁	戴上手套,用水喷洗墙壁,用抹布擦干净墙壁、镜、云石台面、挂画	洁净、干爽
	洗面盆	用清洁剂和清洁毛球洗刷面盆,然后用水冲干净	
	洗浴缸	用清洁刷擦洗浴缸,擦洗浴缸上方瓷片,然后用清水冲干净	注意冲干净浴缸内的清洁剂
	洗淋浴房	用清洁刷清洗所有污渍,然后用清水冲干净,用玻璃刮刀刮净玻璃幕墙	自上而下,从左到右擦拭干净
	洗马桶座板	换上另一副手套,用清洁剂和马桶座板刷先清洗马桶盖板、座板正反两面和马桶底部,并用清水冲干净	一定要换另一副手套来清洗马桶;清洗时应从上至下进行
	洗马桶内壁	用马桶刷,喷上清洁剂从上至下地刷洗马桶内壁,并用清水冲干净	
擦干		用布擦干面盆、浴缸、卫生间墙壁、云石台、淋浴房内墙壁、玻璃幕墙、金属器件。清洁完马桶后,要用另一条擦布擦马桶边、马桶兜及底部	清洁卫生间过程中必须记住需补充的物品;注意区别使用抹布
消毒		用消毒水喷洒消毒	次序:面盆→浴缸→淋浴房→马桶内壁→马桶座板,然后把马桶盖盖上
补充用品		按要求补充客人用过的物品	保证卫生间内提供给客人的物品整洁完好
擦地、吸尘		用抹布从里到外擦地面;用吸尘器吸管吸净四角毛发	要注意保护设备
检查		云石台上的物品是否补充齐全,摆放是否符合要求,标识是否向外;客用巾类是否补充齐全并符合摆放要求;电话是否有电流声;面盆、浴缸内有无水滴及头发等杂物;马桶盖板是否盖上	检查完后喷洒清新剂

◆◇ 考核标准 ◇◆

步　骤	动 作 要 求	分　值
进	携带工具齐备,小垫毯摊开放好	1
喷	清洁剂喷壶使用正确	1
撒	仔细检查	1
清洗	顺序合理,清洗认真无遗漏;抹布、手套区别使用	2
擦干	依次擦干	1
消毒	消毒认真,无遗漏	1
补充用品	按要求补充、摆放客人用过的物品	1
擦地、吸尘	方法正确	1
检查	无毛发、无皂迹、无卫生死角、无异味	1

训练项目十六:开夜床服务

▶▶ 训练目标

通过开夜床服务的实训,掌握晚间服务的内容、程序及服务标准,能够熟练、规范地进行夜床服务。

▶▶ 准备工作

准备一间客房、房务工作车。

▶▶ 操作程序

进房→ 整理卧室→ 开夜床→ 整理卫生间。

▶▶ 训练方法

教师首先示范讲解,再讲明训练要求及训练时的特别注意事项,学生进行模拟练习;教师不断巡视、指导、检查、示范,纠正个别错误,集体讲评一般错误。

▌▌ 模拟练习 ▌▌

步　骤	动 作 规 范	要　求
进入客房	按规范进入客房	尽量选择客人不在时进入
整理卧室	拉好窗帘;清理所有餐车及餐具,放回工作间中;清理垃圾桶,将垃圾倒进布草车的垃圾袋中;收杯子及烟灰缸;除尘	依次进行无遗漏

续表

步　　骤	动　作　规　范	要　　求
开夜床	将床尾巾掀起并按要求折叠整齐放在行李柜内;将靠近床头柜一边的棉被中点为定点,棉被掀起反折45°平铺,床单折入,整理结实平整;将住客的睡衣或睡袍放在枕头上;将早餐挂牌放在枕头上;将送给客人的小礼物放在早餐牌上,将住客开床前床上东西放回	如住一位客人且没有特殊要求,则只开靠卫生间一侧的床
清扫卫生间	清洁浴缸及马桶;更换住客用过的浴巾及其他物品;将浴帘拉至浴缸的 2/3 处,浴帘放入浴缸内;地巾铺在淋雨房门口地面上	程序正确、符合规范要求
关门	填写"晚间服务记录"	环视房间自我检查

◈ 考核标准 ◈

步　　骤	动　作　规　范	分　　值
进入客房	按规范进入客房	1
整理卧室	按程序、规范操作	2
开夜床	开床方法正确;床尾巾按要求折叠整齐放好	3
清扫卫生间	符合卫生要求	2
关门	"晚间服务记录"填写规范	1
整体效果	操作程序合理;动作规范	1

训练项目十七：小整服务

▶ 训练目标

通过对小整服务的实训,掌握小整服务的知识、服务程序;能正确、熟练地完成小整服务。

▶ 准备工作

准备一间客房、房务工作车。

▶ 操作程序

进房→整理卧室→清扫卫生间。

▶ 训练方法

教师首先示范讲解,再讲明训练要求及训练时的特别注意事项,学生进行模拟练习;教师不断巡视、指导、检查、示范,纠正个别错误,集体讲评一般错误。

▌▌ 模拟练习 ▌▌

步　骤	动　作　规　范	要　　求
进入客房	按规范进入客房	尽量选择客人不在时
整理卧室	拉开窗帘；清理桌面、烟灰缸、垃圾桶、杂物；除尘；更换热水，更换用过的杯具；检查房内小酒吧的消耗情况并补充；重新整理床铺	不得翻看、移动或丢弃客人的私人物品
清扫卫生间	清洁浴缸及马桶；更换住客用过的浴巾其他物品	按规定摆放好
关门	填写"服务员工作日志"	环视房间自我检查

❖ 考核标准 ❖

步　骤	动　作　要　求	分　值
进入客房	按规范进入客房	1
整理卧室	按程序、规范操作	3
清扫卫生间	符合卫生要求	3
关门	"服务员工作日志"填写规范	1
整体效果	操作程序合理；动作规范	2

训练项目十八：空房的清扫

▶▶ 训练目标

通过清扫空房的实训，掌握空房清扫的内容、程序及其服务标准，能够规范地进行空房的清扫。

▶▶ 准备工作

准备一间客房、房务工作车、吸尘器。

▶▶ 操作程序

进房→ 整理卧室→ 清扫卫生间。

▶▶ 训练方法

教师首先示范讲解，再讲明训练要求及训练时的特别注意事项，学生进行模拟练习；教师不断巡视、指导、检查、示范，纠正个别错误，集体讲评一般错误。

模拟练习

步　骤	动 作 规 范	要　　求
进入客房	按规范进入客房	
整理卧室	进房开窗、开空调、通风换气;用干布擦尘;地面吸尘	操作规范
清扫卫生间	擦拭浴缸、马桶、云台;更换毛巾;将脸盆、浴缸、马桶的水放流 1min	操作规范
关门	填写"服务员工作日志"	环视房间自我检查

考核标准

步　骤	动 作 要 求	分　值
进入客房	按规范进入客房	1
整理卧室	按程序、规范操作	3
清扫卫生间	符合卫生要求	3
关门	"服务员工作日志"填写规范	1
整体效果	操作程序合理;动作规范	2

训练项目十九：大理石地面的清洁

▶ 训练目标

通过对大理石地面清洁的实训,掌握大理石地面清洁的知识、服务程序,能正确、熟练地完成大理石地面的清洁。

▶ 准备工作

洗地机、抛光机。

▶ 操作程序

洗地 → 打蜡 → 抛光。

▶ 训练方法

教师首先示范讲解,再讲明训练要求及训练时的特别注意事项,学生进行模拟练习;教师不断巡视、指导、检查、示范,纠正个别错误,集体讲评一般错误。

模拟练习

步　骤	动　作　规　范	要　　求
洗地	将清洁剂按 1∶20 的比例兑水注入清水箱内；装好吸水刮后，启动电源开关，放下洗地刷和吸水刮，扳动水制开关；启动吸水机电源，手推操纵杆，以 60m/min 的速度前进，洗地和吸水同步进行；洗地完毕后，用干毛巾将地面特别是边角位的水迹擦干净	洗地机洗地时，行与行之间要互叠 10cm，以免漏洗
打蜡	加满保养清洁蜡；将控制杆调节到合适的高度；机体底盘针座结合抛光垫，保持机身底盘与地面平行；接通电源，按动机身电源开关，使底盘转动，当手柄提升时，机身向右移动，当手柄向下时，机身向左移动；当操纵机械从左到右移动时，拉动喷蜡控制杆将蜡水喷出，由底盘抛光垫将蜡水均匀涂在地面上	抛光前将两个"小心路滑"牌放于工作区域前后范围；抛光推进速度应保持在 50m/min 为宜，来回抛光 3～5 次，直至光亮为止
高速抛光	使用高速抛光机操作，将高速抛光垫安装在抛光机转盘底部针座上，平放在地面；将控制杆调节到合适的高度；接上电源；按动机身上电源开关，转盘转动，即可进行抛光	抛光时，推进速度不能太快，应保持 50m/min 的速度

考核标准

项目	程序正确	动作熟练	认真仔细无遗漏	操作方法正确
分值	2	2	3	3

训练项目二十：地毯除渍

▶ 训练目标

通过对地毯污渍清洁的实训，掌握地毯不同污渍的清洁知识、服务程序；能正确、熟练地对有不同污渍的地毯进行清洁。

▶ 准备工作

海绵、清洁剂、漂白剂、干洗剂。

▶ 操作程序

去除表面污渍 → 清洗 → 吸干。

▶ 训练方法

教师首先示范讲解，再讲明训练要求及训练时的特别注意事项，学生进行模拟练习；

教师不断巡视、指导、检查、示范,纠正个别错误,集体讲评一般错误。

模拟练习

污渍种类	动 作 规 范	要　　　求
黄油	将落在地毯上的黄油全部彻底刮掉,用海绵蘸上干洗溶液揩拭,然后吸干;如有必要可反复进行;用吸尘器对地毯进行吸尘处理	一经发现,立即处理;擦拭时应由外向内进行;地毯除渍后应达到清洁无污渍
可乐、咖啡	将可乐汁水彻底吸干,用海绵蘸上清洁剂溶液揩拭,吸干溶液;然后再用海绵蘸上清水揩拭,并吸干水分;如有必要可反复进行除渍	一经发现,立即处理;地毯上存有液体时要先用干布彻底吸干;擦拭时应由外向内进行;地毯除渍后应达到清洁无污渍
墨水	彻底吸干,用海绵蘸上清洁剂溶液揩拭,吸干溶液;然后再用海绵蘸上清水揩拭,并吸干水分;如果难以擦去,可用海绵蘸上漂白剂溶液揩拭,吸干溶液,然后再用海绵蘸上清水揩拭,并吸干水分	一经发现,立即处理;擦拭时应由外向内进行;地毯除渍后应达到清洁无污渍
口香糖	从地毯上彻底刮去,用海绵蘸上干洗剂揩拭,然后用纱布吸干;如有必要可反复进行	一经发现,立即处理;擦拭时应由外向内进行;地毯除渍后应达到清洁无污渍
血迹	彻底吸干,用蘸上冷水的海绵揩拭,并吸干水分;然后用海绵蘸上清洁剂溶液揩拭,再吸干溶液,最后用海绵蘸上清水揩拭并吸干水分;如有必要可反复进行	一经发现,立即处理;擦拭时应由外向内进行;地毯除渍后应达到清洁无污渍
呕吐物	彻底刮去并吸干脏物,用海绵蘸上清洁剂溶液揩拭,吸干溶液;然后再用海绵蘸上清水揩拭,并吸干水分	一经发现,立即处理;擦拭时应由外向内进行;地毯除渍后应达到清洁无污渍

考核标准

项目	程序正确	动作熟练	干净无污渍	操作方法正确
分值	2	2	3	3

训练项目二十一：清洗地毯

▶ 训练目标

通过对地毯清洁的实训,掌握地毯清洁的实际操作知识、清洁程序,能正确、熟练地完成地毯的清洁。

▶ **准备工作**

吸尘器、干泡机、地毯吹干机。

▶ **操作程序**

吸尘→ 除渍→ 清洗→ 吹干。

▶ **训练方法**

教师首先示范讲解,再讲明训练要求及训练时的特别注意事项,学生进行模拟练习;教师不断巡视、指导、检查、示范,纠正个别错误,集体讲评一般错误。

‖ **模拟练习** ‖

步　骤	动　作　规　范	要　　求
吸尘	用吸尘器对地毯进行吸尘处理	工作前,竖立告示牌或拉好安全围栏;逆着地毯的毛,有顺序地操作
除渍	用地毯除迹剂清除地毯上的各类污迹及口香糖	除渍方法正确
清洗	按比例将地毯水兑水后加入电子打泡箱内;将150r/min的洗地机套上地毯刷,接上电源;打开泡箱开关,将泡沫均匀地擦在地毯上	控制擦地机的走向,由左至右,保持40m/min的速度为宜;操作机械在地毯上来回洗刷3～4次,上下行距互叠10cm
吹干	用毛刷擦洗边角位,擦干地毯上的泡沫;用地毯吹干机吹干地毯	操作正确
善后	工作完毕后,用清水冲洗泡箱和地毯刷	操作正确

◆ **考核标准** ◆

项目	程序正确	动作熟练	干净无污渍	操作方法正确
分值	2	2	3	3

训练项目二十二：消防训练

▶ **训练目标**

通过对消防过程的演习训练,掌握消防的基础知识、发生火灾后的处理程序;具备一定的安全意识和火灾应变能力。

▶ **准备工作**

各种消防设备、电话。

▶ **操作程序**

了解火情→ 报警→ 疏散宾客→ 灭火。

▶ **训练方法**

教师首先示范讲解消防器材的使用方法及注意事项,讲明训练要求,学生进行模拟练习;教师不断巡视、指导、检查、示范,纠正个别错误,集体讲评一般错误。

模拟练习

步　骤	动 作 规 范	要　求
了解火情	亲自前往现场了解火情大小、燃烧物质;呼唤附近的同事援助	保持镇静,不可惊慌失措;火情小时,要正确使用饭店内的消防设备和灭火器材
报警	通知消防中心或电话总机、保安控制室、当值主管经理;把火警现场附近所有的门和窗关闭,并将电闸关闭,切不可使用电梯,一定要从防火楼梯上下	清楚地说出报警人姓名、工号、火警地点、燃烧物质、火势情况
疏散宾客	迅速打开安全梯,指示出口方向,组织好人员疏散	疏散时检查每间客房,确保无客人滞留
灭火	根据火灾的种类,正确选用灭火器进行灭火;火势大时,撤离	灭火器选用正确、操作正确

考核标准

项目	程序正确	动作迅速	镇静有条理	判断准确	操作正确
分值	2	2	2	2	2

饭店服务
基本功实训
(第2版)

第4篇

餐饮服务基本功

训练项目一：托盘

▶▶ **训练目标**

通过实训,熟练掌握轻托操作要领;掌握理盘、装盘、起托、托盘行走、落托的正确方法;做到托盘平稳,无翻盘、杯中水外溢等情况的发生。

▶▶ **准备工作**

托盘人手一个、空酒瓶若干、盛满水的水桶两个。

▶▶ **操作程序**

理盘→ 装盘→ 起托→ 托盘→ 托盘行走→ 落托。

▶▶ **训练方法**

教师首先示范讲解,再讲明训练要求及训练时的特别注意事项,学生进行模拟练习,教师不断巡视、指导、检查、示范,纠正个别错误,集体讲评一般错误。

模拟练习

1. 理盘

将要用的托盘先洗净擦干,可垫上垫巾,以避免托盘内的物品滑动。

2. 装盘

根据物品的形状、体积和使用顺序合理安排,以安全稳当和方便为宜;一般是重物、高物放在托盘里档,轻物、低物放在外档;先上桌的物品在上、在前;后上桌的物品在下、在后。要求重量分布均衡,重心靠近身体。

3. 起托

起托时,站于距操作台 30cm 处,双脚分开,双腿屈膝,腰与臂呈垂直下坐姿势,上身略微向前倾状站稳;将左肘和左手放到与托盘同样的平面上,用右手慢慢拉拿托盘边沿,将托盘移至左手上,托住盘底,双脚并拢并收回右手,身体恢复直立状。

4. 托盘

左手五指自然分开,掌心向上;小臂与大臂垂直于左胸前,略低于胸部,左肘不与腰部接触,重心始终落在掌心或掌心稍里侧。

5. 托盘行走

行走时,要头正肩平,上身挺直,目视前方;脚步轻快稳健,精力集中,随着步伐移动;托盘在胸前自然摆动,以菜肴、酒水不外溢为标准。

6. 落托

到达目的地时,双脚分开,双腿屈膝,腰与臂呈垂直下坐姿势,上身略微前倾状站稳;右手扶住靠身体一侧的盘沿,左手将托盘水平地与桌面接触,右手把托盘平稳地放到工作台上。

◈ 考核标准 ◈

序号	考核内容	考核要点	评分标准	分值
1	理盘	根据所托的物品选择清洁合适的托盘；使用抹布和消毒液将托盘擦拭、消毒；如果不是防滑托盘，则在盘内垫上洁净的垫布	未选用干净的托盘，托盘未经擦拭、消毒，不防滑托盘未垫垫布，每项相应扣 0.5 分	2
2	装盘	根据物品的形状、体积和使用先后合理安排：一般是重物、高物放在托盘里档，轻物、低物放在外档；先上桌的物品在上、在前；后上桌的物品在下、在后；重量分布均衡，重心靠近身体	未根据物品的形状、体积和使用先后合理安排，装盘物品顺序不规范，未按物品上桌顺序装盘，托盘重量分布不均衡，重心不稳，每项相应扣 0.5 分	3
3	起托	起托姿势、方法正确；托盘的手势、姿势正确；小臂与大臂垂直于左胸前，略低于胸部	起托不平稳，操作不正确，五指未分开，手掌贴托盘，托盘姿势过高或过低，每项相应扣 0.5 分	1
4	托盘行走	行走姿态优美；头正肩平；脚步轻快；右手自然摆动	行走时未能头正肩平、上身挺直，脚步乱套，有小跑等现象，托盘内酒水外溢或打翻，每项相应扣 0.5 分	3
5	落托	操作姿势、方法正确；托盘平稳地放到工作台，再安全取出物品	操作姿势不正确，未将托盘平稳放于工作台，托盘打翻等，每项相应扣 0.5 分	1
合　　计				10

训练项目二：餐巾折花

▶ 训练目标

　　熟练掌握餐巾折花的基本技法；能够运用基本技法折叠出常用的 30 种包括动物造型、植物造型、实物造型在内的杯花、盘花。

▶ 准备工作

　　直径 30cm 以上的干净平瓷盘若干个、餐巾若干块、水杯若干个、餐盘若干个。

▶ 训练方法

　　教师首先示范、学生模仿操作；教师在讲明训练要求及训练时的特别注意事项后，学生进行折叠练习，教师不断巡视、指导、检查、示范，纠正个别错误，集体讲评一般错误。

模拟练习

1. 折叠 12 种盘花

生日蜡烛、慈禧扇面、岁岁如意、和服归箱、迎风帆船、僧帽、新春蓓蕾、雨后春笋、领带折巾、玫瑰花、主教帽、出水芙蓉（如图 3-1 所示）。

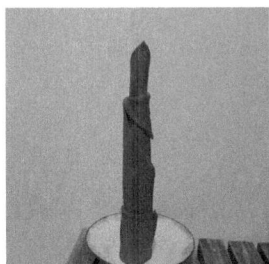
生日蜡烛

慈禧扇面

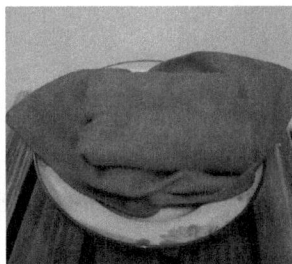
岁岁如意

和服归箱

迎风帆船

僧帽

新春蓓蕾

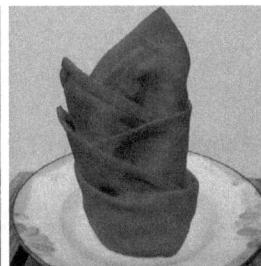
雨后春笋

领带折巾

玫瑰化

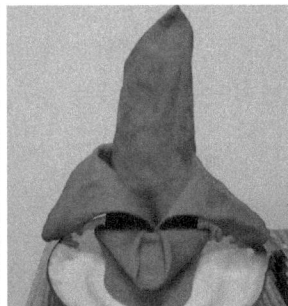
主教帽

出水芙蓉

图 3-1　盘花

2. 折叠 24 种杯花

单叶荷花、凌波仙子、四尾金鱼、慈姑叶、花枝蝴蝶、马蹄莲花、并蒂莲、卷心花、白鹤、和平鸽、一片叶、喇叭花、鸵鸟、双叶花、丰收玉米、瑶池寿桃、冰玉水仙、蝴蝶花、花背鸟、青蛙欲跃、青鸟相思、孔雀开屏、翘尾扇鸟、企鹅迎宾(如图 3-2 所示)。

单叶荷花　　　　　凌波仙子　　　　　四尾金鱼

慈姑叶　　　　　花枝蝴蝶　　　　　马蹄莲花

并蒂莲　　　　　卷心花　　　　　白鹤

和平鸽　　　　　一片叶　　　　　喇叭花

图 3-2　杯花

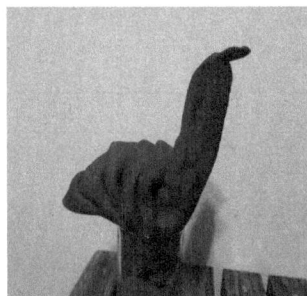

鸵鸟

双叶花

丰收玉米

瑶池寿桃

冰玉水仙

蝴蝶花

花背鸟

青蛙欲跃

青鸟相思

孔雀开屏

翘尾扇鸟

企鹅迎宾

图　3-2(续)

❖ 考核标准 ❖

项目	手法规范	品种丰富	造型美观	摆放整齐	观赏面朝客	技法娴熟
分值	2	1	2	1	2	2

训练项目三：斟酒

▶ 训练目标

通过实训，熟练掌握斟酒基本知识、基本技法；做到斟酒姿势优美大方，准确把握斟酒量；做到不滴不洒，不少不溢。

▶ 准备工作

准备斟酒用杯具：葡萄酒杯、白酒杯、啤酒杯若干；空酒瓶若干；盛满水的水桶两个；托盘若干；桌子若干。

▶ 训练方法

教师首先示范讲解，再讲明训练要求及训练时的特别注意事项，然后学生分7个训练小组，分组分别轮流进行托盘桌斟（葡萄酒、白酒）、徒手桌斟（葡萄酒、白酒）、捧斟（葡萄酒、白酒）、桌斟（啤酒）练习；教师不断巡视、指导、检查、示范，纠正个别错误，集体讲评一般错误。

‖ 模拟练习 ‖

1. 托盘桌斟练习

服务员站在客人的右后侧，右脚向前，侧身而上；左手托盘，右手握酒瓶的下1/3，伸出右臂向酒杯中斟倒；瓶口与杯沿保持1～2cm的距离，酒标朝向客人；中餐各种酒水的斟酒量，一律八成满为宜；西餐斟酒量不宜太满，红葡萄酒斟至杯的1/3，白葡萄酒斟至杯的2/3。斟完一杯酒后，握酒瓶的右手要向内或者向外旋转90°，收回酒瓶，然后再沿顺时针方向斟倒下一杯。托盘不能超越客人的肩、头顶。

2. 徒手桌斟练习

斟酒姿势要领同托盘斟酒。左手持服务巾并背于身后，斟完一杯后，用服务巾擦去瓶口的酒水，然后再沿顺时针方向斟倒下一杯。

3. 捧斟练习

一手握住酒瓶，另一手将酒杯捧在手中（有杯脚的拿杯脚，无杯脚的拿杯子的下1/3处）。站立于宾客的右后侧（如果使用左手则站在宾客的左后侧），抬起右臂向酒杯中斟倒酒水。瓶口与杯口的边缘保持1～2cm的距离。控制好所斟倒酒水的量，斟倒即将到量时，瓶口略微抬高，持瓶的手向内或者向外旋转90°，将瓶身离开酒杯的上方；将斟倒好酒水的酒杯放在宾客的右手处(客人站立时,将酒杯递予宾客右手),重新斟倒下一杯。

4. 桌斟啤酒练习

在与斟倒葡萄酒、白酒等无汽的酒水相同方法的基础上,斟啤酒时,酒液应倒到对面的杯壁上,使杯壁对啤酒液有缓冲作用,避免啤酒沫快速升起,可分两次完成,以泡沫不溢出为准。

◈ 考核标准 ◈

项目	位置正确	不滴不洒	姿势优雅	瓶杯口距离	酒量标准	技法娴熟	酒标朝客	表情自然
分值	1	1	2	1	1	2	1	1

训练项目四：中餐宴会摆台

▶ **训练目标**

通过实训,掌握中餐摆台的基本要求、基本要领;能够做到餐碟定位准确、操作手法卫生,各餐具位置摆放合理、均匀,整体美观大方;能够在规定的时间内完成便宴 10 人台面的摆设。

▶ **准备工作**

每桌配备餐具、酒具、用品(以 10 人台为例):

台布 1 块,装饰台布 1 块,转盘 1 个,托盘 2 个,花瓶 1 个,公用勺 2 把,公用筷架 2 个,骨碟 12 只,口汤碗 10 只,调味碟 10 个,调羹 10 个,水杯、葡萄酒杯、白酒杯各 10 个,筷子 12 双,牙签 10 根,烟缸 4 个,筷架 10 个,圆桌若干。

▶ **操作程序**

准备摆台所用餐、酒具及所用物品→ 铺装饰台布及台布→ 放转盘及花瓶→围椅→摆放个人餐具→ 摆放公用餐具→ 摆放餐巾花→ 摆放菜单、台号卡。

▶ **训练方法**

教师首先示范讲解,再讲明训练要求及训练时的特别注意事项,然后学生 4 人为一小组(可两人同时操作一台),进行中餐便宴摆台练习;教师不断巡视、指导、检查、示范,纠正个别错误,集体讲评一般错误。

▍▍ 模拟练习 ▍▍

1. 铺装饰台布及台布

站在主人位一侧,将椅子拉开先铺装饰台布,再在其上铺一层台布。方法分别是,打开台布,正面朝上,利用"推拉式"或"撒网式"将台布一次铺成;台布中心凸缝朝上,且对准正、副主人;台布四周下垂部分均等,十字居中,铺台布动作规范。

2. 放转珠、转盘、花瓶

先将转珠放于桌面台布十字线中点处,将转盘用双手搬到餐桌上,然后以转盘与桌面的接触点为支点,双手将转盘左右移动,直到目视转盘中心与转珠重合为止;花瓶放于转台中心。

3. 围椅

从主人位开始按顺时针方向进行;椅子前沿距下垂台布 1cm;椅子之间距离均等。

4. 餐碟定位

从主人位开始,按顺时针方向摆放;餐碟距离桌边 1.5cm;餐碟间隔距离均等,相对餐碟与花瓶三点一线;操作时手拿边缘部分,轻拿轻放。

5. 摆汤碗、汤勺、味碟

汤碗和味碟置于餐碟垂直线上方两侧,与餐碟相距 1cm,勺把朝左(朝左,为了台面匀称美观;朝右,方便客人用餐),与味碟中线成直线;操作时手拿边缘部分。

6. 摆酒具

将插有折好餐巾花(见餐巾折花技能,此处略)的水杯摆于汤碗与味碟中间,与餐碟成垂直中线上,各间距匀称;自左向右依次摆放葡萄酒杯、白酒杯,成直线或斜线,间距 1cm,杯心成一条直线。

7. 摆筷架、筷子、牙签

筷架、筷子位于餐盘右侧,距餐盘约 3cm 处(也可根据台面情况设置相应距离,达到间距匀称即可);筷架与味碟中心线在同一水平线上;筷子与餐碟中心线平行;筷子尾部距离桌边 1.5cm,正面朝上;牙签位于筷子右侧 1cm 处,距桌边 5cm;商标图案向上,中文说明面对客人。

8. 摆公用筷架、公用勺

公用勺、筷子摆放在正、副主人的正上方;公用勺在下、筷子在上;公用勺、筷子尾部向右,公用勺和筷子中心点在台布中线上。

9. 摆放烟灰缸

从正主人位右侧开始,每隔两个餐位摆放一个烟灰缸,烟灰缸前端应在水杯外切线上。火柴盒封面在上摆放在烟灰缸里,火柴磷头朝向里面。

10. 摆菜单、台号卡

在正、副主人位右侧摆放菜单,离桌边 1cm;台号摆放朝向宴会厅的入口处。

11. 斟预备酒(见斟酒技能,此处略)

❖ 考核标准 ❖

序号	评分要素	评 分 标 准	分值
1	准备工作	工作台餐具、酒具、用具摆放整齐有序,一处不合格扣 0.5 分	0.5

续表

序号	评分要素	评分标准	分值
2	台面要求	台布铺设四角下垂匀称,骨缝朝上居中,不合要求每处扣 0.5 分 摆放餐碟,间距不等,距桌边距离不符合要求每处扣 0.5 分 摆放汤碗、调羹间距不等每处扣 0.5 分 摆放味碟,间距不等每处扣 0.5 分 摆放酒杯间距不等每处扣 0.5 分 摆放筷架、筷子距离不符合要求每处扣 0.5 分 摆放烟灰缸距离不合要求每处扣 0.5 分 餐具花纹不正每处扣 0.5 分 椅子间距不等每处扣 0.5 分	5
3	操作规范	拿取餐酒用具手法不规范每处扣 0.5 分 摆放位置错每次扣 0.5 分 托盘不规范扣 0.5 分 餐酒用具错位每项扣 0.5 分 漏摆每项扣 0.5 分 餐酒用具落地每件扣 0.5 分 摆台顺序错每次扣 0.5 分	4
4	仪表、仪容、仪态	着装得体,不得佩戴首饰及其他饰物,化淡妆;姿态优雅、大方,表情自然;以上每项不达标扣 0.5 分	0.5
5	时间	在规定时间内完成,每超时 30s 在总分中扣 0.5 分	

训练项目五:西餐宴会摆台

▶ **训练目标**

通过实训,掌握西餐宴会摆台的基本知识、程序与要领;能够做到餐碟定位准确、操作手法卫生,各餐具位置摆放合理、均匀,整体美观大方;能够在规定时间内完成便宴 8 人台面的摆设。

▶ **准备工作**

每桌餐酒用具(以 8 人台为例):

展示盘 8 个、主菜刀 8 把、主菜叉 8 把、汤勺 8 把、鱼刀 8 把、鱼叉 8 把、开胃品刀 8 把、开胃品叉 8 把、面包盘 8 个、黄油盘 8 个、黄油刀 8 把、点心叉 8 把、点心勺 8 把、水杯 8 个、红葡萄酒杯 8 个、白葡萄酒杯 8 个、花瓶 1 个、胡椒瓶 1 套、盐瓶 1 套、蜡烛台 2 个、烟灰缸 4 个、托盘 2 个、台布 1 块;长餐桌若干。

▶ **操作程序**

准备摆台餐具及所用物品→铺台布→摆装饰盘(餐盘、垫盘)→摆刀叉→摆甜品刀、叉、勺→摆面包盘、黄油刀和黄油盘→摆酒具→摆放餐巾花→摆放其他用具。

▶ 训练方法

教师首先示范讲解,再讲明训练要求及训练时的特别注意事项,然后学生4人为一小组,(可两人同时操作一台)进行西餐便宴摆台练习;教师不断巡视、指导、检查、示范,纠正个别错误,集体讲评一般错误。

模拟练习

1. 铺台布

打开台布,正面朝上、抖动手腕,一次到位;中线对正、台布下垂均匀;将椅子定位,椅子边缘正好接触到台布下沿。

2. 摆装饰盘

(1)用右手垫上餐巾并包住盘底,从主人位开始顺时针方向摆放。

(2)装饰碟摆放在每个餐位的正中位置,并与台边相距2cm;盘与盘之间的距离要相等。

(3)使用长台时,主人多安排在长台正中央或长台的顶端。

3. 摆刀叉

左手托盘,右手操作。在餐盘的右侧从左向右依次摆放主菜刀、鱼刀、汤匙、开胃品刀,之间间距为0.5cm,摆放时刀口朝左,匙面朝上;在餐盘左侧从右向左依次摆放主菜叉、鱼叉、开胃品叉,之间相距0.5cm,叉尖向上。鱼刀、鱼叉距桌边5cm,其余刀叉均距桌边2cm。

4. 摆水果刀、甜品叉、甜品匙

在装饰盘的正前方摆水果刀、甜点叉、甜点匙,刀把在右,刀刃朝装饰盘;叉把朝左,叉尖朝右;匙平行地放于叉的上方,匙把朝右,匙面朝上。

5. 摆面包盘、黄油刀和黄油盘

在开胃品叉的左侧摆面包盘,其中线与装饰盘的中心在一条线上,盘边距开胃品叉1cm;在面包盘中线靠右摆放黄油刀,并与其他刀、叉平行,刀刃朝向面包盘心;在面包盘正上方摆放黄油盘。

6. 摆酒具

酒水杯具摆放在水果刀、甜品叉、甜点匙右侧,主菜刀尖正前方2cm处;从左至右依次是水杯、红葡萄酒杯、白酒杯,各酒杯杯肚间距离为1cm,可成直线或下斜线。

7. 摆放餐巾花

将叠好的盘花放在装饰盘正中,突出正、副主位,并按餐巾花样张开修整。

8. 摆其他用品

烟灰盅(有的地方不用)和胡椒、盐瓶、牙签筒按4人用一套摆放在烛台两边中线位置上;烟灰缸在客人右侧开始摆放,每两个人之间放一个烟灰缸,烟灰缸的上端与酒具平行。

盆花摆放在长桌中央,两个烛台分别摆在盆花左右对称的适当位置。

菜单全桌不得少于两份,最好每人一份,摆放于餐位右侧。

❖ 考核标准 ❖

序号	考核内容	考 核 要 点	评 分 标 准	分值
1	仪容、仪表及准备工作	着装得体,整洁干净,化淡妆,仪容、仪表整洁大方,姿态优雅;工作台餐用具分类摆放规范、合理	不符合要求的每处扣 0.5 分	1
2	铺台布	铺台布正面朝上、中线对正、台布下垂均匀	台布反面朝上扣 0.5 分;台布中线不正扣 0.5 分;台布下垂不均匀扣 0.5 分;扣完为止	1
3	摆放餐、酒具	按顺序摆放餐用具;展示盘、面包盘定位准确;展示盘与面包盘中心线在一条直线上;刀、叉、勺摆放准确、间距匀称;三种酒杯摆放正确、间距匀称	餐用具摆放程序每错一处扣 0.5 分;展示盘、面包盘定位不当每套扣 0.5 分;刀、叉、勺等餐具摆放位置不正、距离不匀称每套扣 0.5 分;三种杯摆放不准每套扣 0.5 分;扣完为止	3
4	摆台面用品	花瓶、用品按要求的位置摆放	各项用具不按照规范摆放每套扣 0.5 分;扣完为止	2
5	围椅	餐椅对位摆放、餐椅与下垂台布间距 1cm	餐椅摆放错位各扣 0.5 分;扣完为止	1
6	操作规范	操作稳妥、拿取餐具符合卫生要求、动作娴熟、协调、规范、操作区域整洁	操作不稳妥,手法不卫生,托盘使用不熟练,动作不规范、不协调,台面、工作台不清洁每处扣 0.5 分,扣完为止	2
7	时间及失误	在规定的时间内完成;从总分中扣除	餐用具掉地一次、打碎餐用具一件、少摆餐用具一件、每超时 30s 扣 0.5 分	—

训练项目六：领座、拉椅让座

▶ **训练目标**

通过实训,掌握为客人领座、拉椅让座的正确方法与技巧。

▶ **准备工作**

餐桌若干、椅子若干。

▶ **训练方法**

教师进行示范讲解,讲明训练要求及注意事项,按 4～6 人一组进行模拟练习,分别模拟客人与服务员之角色,教师检查、指导,纠正个别错误,集体点评一般错误。

模拟练习

1. 领座

见到客人微笑问候，了解是否有预订。（服务员：您好！欢迎光临！先生/女士，请问，您有预订吗？客人：没有。服务员：请问，您共几位用餐？客人：四位。服务员：好的。）

引领客人入座时，应走在客人的左侧前方1m左右，并用手势示意，同时口中说"请随我来"或"请往这边走"等话语，并不断回头招呼客人。

根据客人的不同情况，引领到不同的区域就餐。（领位员：您对这张餐桌满意吗？客人：还行吧。）

2. 拉椅让座

客人抵达餐桌前时，领位员与值台服务员分别为主要客人拉椅让座。

双手握住椅背上部两侧，退后半步，右腿贴住椅背，轻轻将椅子拉出到合适的位置，然后用右手打手势，口中说"先生/小姐，请坐"，在客人就座的同时，双手握住椅背上部两侧，退后半步，右腿贴住椅背，轻轻将椅子推回到合适的位置。（领位员：先生，祝您有个愉快的夜晚！再见！）

❖ 考核标准 ❖

项目	姿态 大方	操作 正确	仪容仪表 得体	引领 正确	语气 柔和	表情 自然	言语 礼貌
分值	1	2	1	2	1	2	1

训练项目七：展示菜单、铺餐巾（落餐巾）

▶▶ 训练目标

通过实训，掌握为客人展示菜单的正确方法；掌握客人入座后为其铺餐巾的正确方法。

▶▶ 准备工作

餐桌若干、椅子若干、餐巾若干、水杯若干、菜单若干。

▶▶ 训练方法

教师进行示范讲解，讲明训练要求及注意事项，按6～8人一组进行模拟练习，分别模拟客人与服务员之角色，教师检查、指导，纠正个别错误，集体点评一般错误。

模拟练习

1. 展示菜单

（1）认真检查菜单，确保菜单干净、整洁、无破损。

（2）按客人人数拿出相应数量的菜单。

（3）客人落座后，打开菜单第一页，双手拿菜单从客人的右侧递上，同时礼貌地说："先生/女士，这是菜单，请您点菜！"

（4）在中餐厅菜单一般递给主人即可（若不能确认谁是主人，可征询客人意见后，再递上菜单），在西餐厅人手一份，按女士优先、先宾后主的原则依次将菜单送到客人手中。

2．铺餐巾

当客人入座后，看台服务员按照先宾后主、女士优先的顺序，站在客人右侧，左手握住水杯下部，右手将水杯中的餐巾花轻轻拿出，然后用双手将餐巾对角轻轻打开，右手在前、左手在后将餐巾铺在客人双腿上，同时可说"打扰了"、"抱歉"等话语。（在中餐厅也可以将餐巾一角压在骨碟下，以免滑落）

◈◈ 考核标准 ◈◈

项目	姿态大方	操作正确	仪容仪表得体	顺序正确	语气柔和	表情自然	言语礼貌
分值	1	2	1	2	2	1	1

训练项目八：除筷套、斟茶服务

▶ **训练目标**

通过实训，掌握除筷套的正确方法；掌握斟茶的服务技巧及方法。

▶ **准备工作**

筷子（筷套）若干副、茶壶若干个、茶水杯若干个、餐桌若干、椅子若干。

▶ **训练方法**

教师进行示范讲解，讲明训练要求及注意事项，按 6～8 人一组进行模拟练习，分别模拟客人与服务员之角色，教师检查、指导，纠正个别错误，集体点评一般错误。

‖ 模拟练习 ‖

1．除筷套

（1）站在客人的右后侧，右腿伸到两椅之间，身体微微前倾。

（2）用右手拿起带套的筷子交左手，用右手打开筷套封口，捏住筷子的后端并取出，摆在桌面上原来的位置，顺时针方向依次操作。

（3）每次脱下的筷套握在左手中，最后一起撤走。

2．斟茶服务

（1）问清客人需要饮茶的品种。（服务员：先生/女士，我们这儿有红茶、绿茶、花茶，请问,您喜欢哪一种? 客人:绿茶吧。服务员:好的。绿茶有黄山毛尖、洞庭碧螺春、西湖龙井,不知您喜欢哪一种? 客人:龙井。服务员:好的。请您稍等!)

（2）用茶壶倒茶时,要右手拿壶把,左手轻轻按住壶盖。

（3）斟茶时,站在客人的右侧,按顺时针方向逐位斟上,同时使用礼貌用语:"先生/女士,请用茶!"

（4）斟茶时,先给年长的客人斟倒,茶水七八成满即可。

（5）斟完后放茶壶时,壶嘴不要对着客人。

❀ 考核标准 ❀

项目	姿态 大方	操作 正确	仪容仪表 得体	顺序 正确	语气 柔和	表情 自然	言语 礼貌
分值	1	2	1	2	2	1	1

训练项目九：中餐点菜

▶ 训 练 目 标

通过实训,使学生掌握中餐点菜服务技巧。

▶ 准 备 工 作

菜单、点菜单、笔。

▶ 训 练 要 求

教师进行示范讲解,讲明训练要求及注意事项,按4人一组进行实际操作练习;教师检查、指导,纠正个别错误,集体点评一般错误。

▌ 情景模拟 ▌

（主动走到宾客餐桌旁,服务员手持点菜单,站在客人旁边半步远的地方,身体微微向前倾斜,眼睛注意宾客）

服务员：先生/女士,请问,现在可以点菜了吗？

客　人：好的。凉菜来个海蜇丝、盐水鸭掌;热菜都有些什么呢？

服务员：先生,餐厅有麻辣、清香及甜味的菜肴,不知先生您喜欢什么口味？

客　人：清香的吧。

服务员：好的,今天厨师长特选是青豆蔬菜,虾仁炒青豆客人们都反映不错,您是否尝尝？

客　人：好的,那就来一份吧。

服务员：谢谢! 先生,油炸蟹香酥可口,味道鲜美、价格适中,您要不要换换口味？

客　人：好吧。有糖醋鲤鱼吗？

服务员：先生/女士,非常抱歉! 这道菜刚巧售完。不过,松鼠鳜鱼也非常不错,肉质
　　　　细腻,酸甜适口,要不您换这道试试?

客　人：算了,这道菜挺贵的呢!

服务员：是的。听起来是贵了点,不过您 6 位平均下来其实每人才花 8 元钱,而且只有
　　　　我们这儿的广东名厨才能做出纯正、地道的酸甜口味,您何不趁机尝尝呢?

客　人：这样啊,要不咱就试试?

服务员：您的选择一定不会错,这道菜一定会让您感到物有所值的。

客　人：好吧。就信你的。

服务员：谢谢! 先生,今天天气很热,您是来点冰镇的啤酒还是饮料?

客　人：饮料吧。

服务员：好的。饮料有露露、酸奶、橙汁,您看您喜欢哪一种?

客　人：来两听橙汁。就这些吧。

服务员：好的。先生,您点的凉菜有海蜇丝、盐水鸭掌;热菜有虾仁炒青豆、油炸蟹、
　　　　松鼠鳜鱼;还有两听橙汁,对吗?

客　人：是的,没问题。

服务员：好的。谢谢您! 请您先用茶,15min 后给您上菜。

客　人：好吧。尽量快点儿 。

服务员：好的,请稍等! 再见!

客　人：再见!

◆ 考核标准 ◆

项目	姿态大方	复述菜名	仪容仪表得体	运用推销技巧	语气柔和	表情自然	言语礼貌
分值	1	1	1	2	2	1	2

训练项目十：西餐点菜

▶ 训练目标

通过实训,使学生掌握西餐点菜服务技巧。

▶ 准备工作

菜单、点菜单、笔。

▶ 操作程序

准备→征询→按"序"点菜→推销→记录→复述→收回菜单。

▶ 训练要求

教师进行示范讲解,讲明训练要求及注意事项,按 4～6 人一组进行实际操作练习;教

师检查、指导，纠正个别错误，集体点评一般错误。

模拟练习

（1）主动走到宾客餐桌旁，服务员手持点菜单，站在客人旁边半步远的地方，身体微微向前倾斜，眼睛注意宾客。

（2）征询客人意见是否可以点菜（请问，现在可以点菜了吗？）；客人首背后，从女宾开始依次点菜，最后为主人点菜。

（3）点菜中提供信息和建议（类似中餐点菜），询问特殊需求，如牛排、羊排需几成熟，色拉配何种色拉酱等。（请问，您点的牛排需要几成熟？一成、三成、五成、七成还是全熟？）

（4）分别记下不同客人所点菜肴，避免混淆。

（5）复述客人所点菜肴的内容。（您点的是……对吗？）

（6）礼貌致谢，收回菜单。（非常感谢！请诸位稍等！）

考核标准

项目	姿态大方	复述菜名	记录清楚	运用推销技巧	语气柔和	表情自然	言语礼貌
分值	1	1	1	2	2	1	2

训练项目十一：点酒水

▶ 训练目标

通过实训，掌握点酒水的正确方法。

▶ 准备工作

酒单、点酒单、笔。

▶ 训练方法

教师进行示范讲解，讲明训练要求及注意事项，按4～6人一组进行模拟练习，分别模拟客人、服务员之角色；教师检查、指导，纠正个别错误，集体点评一般错误。

▶ 操作程序

问饮品→复述确认→下单。

模拟练习

（1）当客人要求点酒水时，主动介绍特饮和鸡尾酒配方，当好客人的参谋。（类似菜

品的推销技巧)

（2）把客人所点内容复述一遍,请客人确认。（您点的是……对吗？非常感谢！请稍等！)

（3）填写酒水单时字迹要工整,按要求写上日期、台号、客人人数和酒水名称、分量、价格及填表人姓名,并注明客人的特殊要求。

❖ 考核标准 ❖

项目	姿态大方	复述酒名	记录清楚	运用推销技巧	语气柔和	表情自然	言语礼貌
分值	1	1	1	2	2	1	2

训练项目十二：中餐上菜

▶ 训练目标

通过实训,掌握中餐上菜的基本方法、操作要领。

▶ 准备工作

配有椅子的餐桌若干、骨碟若干、模拟菜肴若干、托盘若干等。

▶ 训练方法

教师进行示范讲解,讲明训练要求及注意事项,按 4～6 人一组进行模拟练习(可两人同时操作),分别模拟客人、服务员之角色;教师检查、指导,纠正个别错误,集体点评一般错误。

▌ 模拟练习 ▌

（1）传菜员将菜肴传到位后静站桌旁,值台服务员应快步迎上取菜并为客人上菜。

（2）上菜位置要灵活,以不打扰主人和主宾为原则。最好在空位或陪同和翻译之间上菜。

（3）服务员左手托盘,对客人说"打扰了"或"对不起",然后右腿伸到两椅之间,左腿在后,侧身用右手将菜品送到转台上,退后报出菜名,然后按顺时针方向转一圈,等客人观赏完毕,转至主宾面前。上下一道菜时,将前一道菜移至其他位置,将新菜放在主宾面前。

注意:上菜时,先上冷菜后上热菜;热菜先上清淡的海鲜;先上名贵的菜肴,再上肉类、禽类、蔬菜、汤、点心、米饭和甜菜,最后上水果;中餐散座上菜位置不能选在老人或儿童身边。

◈ 考核标准 ◈

项目	顺序正确	位置正确	姿态大方	语气柔和	表情自然	操作规范
分值	1	1	2	2	2	2

训练项目十三：西餐上菜

▶ 训练目标

通过实训，掌握西餐上菜的基本方法、操作要领。

▶ 准备工作

配有椅子的长餐桌若干、骨碟若干、模拟菜肴若干、托盘若干等。

▶ 训练方法

教师进行示范讲解，讲明训练要求及注意事项，按 4～6 人一组进行模拟练习（可两人同时操作），分别模拟客人、服务员之角色；教师检查、指导，纠正个别错误，集体点评一般错误。

▶ 操作程序

开胃品→汤→海鲜→主菜→甜点→咖啡或茶。

▌ 模拟练习 ▌

（西餐宴会多采用美式服务、俄式服务上菜。上每一道菜前，待宾客全部放下刀叉后，询问客人是否撤盘，得到客人允许后，从宾客右侧将盘和刀叉一同撤下。）

（1）根据头盆配用的酒类，先为客人斟酒，冷头盆在宴会前 10min 左右事先上好；用完后从客人右侧撤盘及刀叉。

（2）上汤时，连垫盘一起上，从宾客右侧上；多数宾客不再饮用时，询问宾客从客人右侧撤汤碗、汤碟、汤勺。

（3）先斟好白葡萄酒，从宾客右侧上海鲜，从宾客右侧撤下鱼盘、鱼刀、鱼叉。

（4）上主菜前，先斟好红葡萄酒，从客人右侧用右手撤下装饰盘，从客人右侧顺时针送上空盘。

（5）站立于客人左侧，用右手从客人左侧逆时针方向为客人分派主菜，菜肴的主要部分靠近客人。（俄式服务）

（6）上甜点、水果时，先摆上干净的点心盘，之后托送奶酪及配食的饼干。从客人左侧分派。托着水果盘在客人左侧派送，并在左侧跟上洗手盅和水果刀、叉。

（7）上咖啡或茶：送上糖缸和淡奶壶，在客人右手边放咖啡具或茶具，并依次为客人斟上,再向客人推销餐后酒或雪茄烟。

项目	顺序正确	位置正确	姿态大方	语气柔和	表情自然	操作规范
分值	1	1	2	2	2	2

训练项目十四：分菜

▶ 训练目标

通过实训,掌握不同分菜方法的操作要领、技巧;做到心中有数、分配均匀、手法卫生、动作利索。

▶ 准备工作

每桌准备:骨碟 10 个,分菜叉、勺各 2 把,托盘 2 个,菜肴 2 份,筷子 2 双,长把汤匙 2 把,餐桌 1 张,工作台 1 个(服务车);餐桌、工作台若干。

▶ 训练方法

教师首先示范讲解,再讲明训练要求及训练时的特别注意事项,然后学生 4 人为一小组(可两人同时操作一台),进行餐位分菜练习;教师不断巡视、指导、检查、示范,纠正个别错误,集体讲评一般错误。

▶ 操作程序

分菜前准备→核对菜肴→示菜并报菜名→分菜。

模拟练习

1. 分菜前准备

按规定着装,整洁干净,化淡妆,仪容仪表整洁大方;工作台(服务车)清理干净;菜品餐用具准备齐全、符合卫生要求。

2. 核对菜肴

确认出菜与客人所点菜肴一致。

3. 示菜并报菜名

双手将菜肴端至转盘上展示菜肴,并报出菜名。

4. 分菜

(1) 餐位分菜

服务员站在客人的右侧,左手垫上餐巾并将餐盘托起,右手拿分菜的叉、勺,握住柄部,勺心向上,餐叉底部向勺心,主要依靠右手的5根手指的配合来控制,餐勺的勺柄应置于右手的中指与小拇指之上、无名指之下,餐叉柄置于食指与无名指之上、大拇指之下;右腿在前、左腿在后并略微弯腰,使上身略微前倾进行分菜,菜盘的边与客人的骨碟的边上下重叠,按顺时针方向绕台进行。

分菜时做到一勺准、数量均匀,不允许一把匙的菜分给两位客人;每道菜分完后,要留下 1/10~1/5,以示菜肴丰盛。

(2) 两人合作餐台分菜

一名服务员站在"分菜口",右手持餐叉、餐勺盛取菜肴,左手持长把勺接挡下方,以防菜汁滴落在台面上;另一名服务员站在宾客左侧,把餐碟递给分菜的服务员,待菜肴分好后,将餐碟放回到客人面前。

(3) 旁桌分菜

将菜肴在餐台上展示后,取下放在服务车或分菜台上,面对客人,以便客人观赏;快速均匀分好后,将装菜碟放在托盘内,端托至餐桌前从宾客右侧开始按先宾后主、顺时针方向将餐碟送上。

❖ 考核标准 ❖

项目	手法规范	仪容仪表得体	姿势优雅	台面干净	分菜均匀	技法娴熟
分值	2	1	2	1	2	2

训练项目十五：分清蒸鱼

▶ 训练目标

通过实训,掌握分鱼的技巧、方法;做到心中有数、分配均匀、手法卫生、动作利索。

▶ 准备工作

分鱼用具:鱼刀、鱼叉、鱼勺、餐刀、餐叉、餐勺;餐盘若干、托盘若干、鱼数条(可用模型鱼)。

▶ 训练方法

教师首先示范讲解,再讲明训练要求及训练时的特别注意事项,然后学生4人为一小组,进行分鱼练习;同学相互点评,教师不断巡视、指导、检查、示范,纠正个别错误,集体讲评一般错误。

▶ 操作程序

分菜前准备→核对菜肴→示菜并报菜名→分菜。

模拟练习

1. 分菜前准备

按规定着装,整洁干净,化淡妆,仪容仪表整洁大方;工作台清理干净;菜品餐用具准备齐全、符合卫生要求。

2. 核对菜肴

确认出菜与客人所点菜肴一致。

3. 示菜并报菜名

双手将菜肴端至转盘上展示菜肴,并报出菜名。

4. 分清蒸鱼

左手握餐叉将鱼头固定,右手用餐刀从鱼中骨由头顺切至鱼尾,然后将切开的鱼肉分向两侧脱离鱼骨,待鱼骨露出后,将餐刀横于鱼骨与鱼肉之间,刀刃向鱼头,由鱼尾向鱼头处将鱼骨与鱼肉切开,当骨、肉分离后,用刀、叉轻轻将鱼骨托起放于鱼盘靠桌心一侧的盘边处,再将上片鱼肉与下片鱼肉吻合,使之成一条整鱼状(无头尾),同时,餐刀与餐叉配合,将鱼肉切成所需等份,并用餐勺、餐叉将鱼肉分别盛于餐碟中送予客人。

考核标准

项目	手法规范	仪容仪表得体	姿势优雅	台面干净	分菜均匀	技法娴熟
分值	2	1	2	1	2	2

训练项目十六：示酒、开瓶

▶ 训练目标

通过实训,掌握不同酒水示酒的正确方法;掌握开启不同酒水的不同瓶盖的技巧、方法。学会正确地对客服务。

▶ 准备工作

香槟酒、红葡萄酒、白葡萄酒、啤酒、白酒若干瓶(可采用替代品),餐巾,冰桶,冰桶架,酒篮,各种开瓶器。

▶ 训练方法

教师进行示范讲解,讲明训练要求及注意事项,按 4～6 人一组进行模拟练习,分别模拟向客人示酒及开启不同酒水的瓶盖,教师检查、指导,纠正个别错误,集体点评一般错误。

▶ **操作程序**

准备→示酒→开瓶→检查、擦拭→摆放。

模拟练习

1. 准备

（1）将各种酒水饮料摆放整齐，将矮瓶、高瓶分前后，做到既美观又便于拿取。

（2）将酒水瓶擦拭干净，特别注意瓶口的部位擦净，同时检查酒水质量。

（3）对不同酒水采用升温（水烫、浇煮、燃烧、热饮料注入酒液或酒液注入热饮料等）或降温（冰块冰镇、冰箱冷藏、冰镇）方法使酒品温度适合客人饮用。

（4）根据客人所点的酒水配以相应的酒水杯。

2. 示酒

（1）白葡萄酒

将白葡萄酒从冰桶中取出后擦干水迹，用一块叠成条状的餐巾裹住瓶身，商标全部露出，站在点酒客人的右侧，左手托瓶底，右手扶瓶颈，酒标朝向客人以便客人辨认酒标、品种。

（2）红葡萄酒

将红葡萄酒放在酒篮中，左手轻托住酒篮的底部，右手持酒篮，成45°，酒标朝上，向客人示酒，让客人确认，同时询问现在是否可以开瓶。

一般酒水则站在点酒客人的右侧，左手托瓶底，右手扶瓶颈，酒标朝向客人以便客人辨认酒标、品种。

3. 开瓶

（1）红葡萄酒

① 在示酒后询问客人开瓶时间。

② 开瓶时，服务员将酒从酒篮中轻轻取出，也可在酒篮中直接开瓶。

③ 左手扶住酒瓶，右手用开酒刀沿瓶口外圈割开封口，然后用干净的口布将瓶口擦净，将开瓶器从木塞中央部位缓缓旋入至适当位置，再用开瓶器的撑杆轻轻拔出木塞。

④ 万一软木塞有断裂迹象，可将酒瓶倒置，利用内部酒液的压力顶住木塞，然后再旋转开瓶器。

（2）白葡萄酒

示瓶后将酒放回冰桶中，在冰桶中开启，方法与红葡萄酒开启相同。

（3）香槟酒

首先用酒刀将瓶口的锡箔纸去除，然后用左手握住瓶身并用左手大拇指紧压软木塞，瓶身倾斜60°，右手将捆扎瓶塞的铁丝帽拧开并取下，然后握住瓶塞；左手握住瓶身慢慢转动，借助瓶内的压力和手拔的力量将软木塞取出，再保持倾斜数秒，防止酒液溢出。

操作时，注意瓶口不要朝向客人，应尽量避免发生响声，尽量避免晃动，以防酒液溢出。

一般的酒水，如白酒、啤酒等用相应的开瓶器开启则可。

4. 检查、擦瓶口、瓶身

拔出瓶塞后需检查瓶中酒是否有质量问题，检查的方法主要是嗅辨瓶塞插入瓶内的那部分。

开启瓶塞以后,用干净的餐巾仔细擦拭瓶口,香槟酒要擦干瓶身。擦瓶时,注意不要让瓶口积垢落入酒中。

5. 摆放

开启的酒瓶、酒罐可以留在宾客的餐桌上。

使用暖桶的加温酒水和使用冰桶的冰镇酒水要放在桶架上,摆在餐桌的一列。

用酒篮盛放的酒连同篮子一起放在餐桌上。

随时将空瓶、空罐从餐桌上撤下。

❖ 考核标准 ❖

项目	姿态大方	示酒正确	开启正确	准备到位	轻缓敏捷	表情自然	摆放得当
分值	1	2	3	1	1	1	1

训练项目十七：白葡萄酒的服务

▶ 训练目标

通过实训,掌握白葡萄酒服务的正确方法。

▶ 准备工作

白葡萄酒若干瓶、白葡萄酒杯若干、桌子若干、餐巾若干、冰桶若干、冰桶架若干、冰块等。

▶ 训练方法

教师进行示范讲解,讲明训练要求及注意事项,按 4～6 人一组进行模拟练习,分别模拟客人、服务员之角色;教师检查、指导,纠正个别错误,集体点评一般错误。

▶ 操作程序

递酒单→点酒→准备酒水→示酒、验酒→开瓶→试酒(询问客人是否试酒)→斟酒→添酒→撤杯。

▌模拟练习 ▌

(1)将酒单打开至第一页递给客人,顺序为先女后男,先客后主。(葡萄酒应先向客人询问是否需加七喜、柠檬)

(2)点酒(略,见前),在订单上准确记下客人所点的酒水品牌、数量。

(3)在冰桶中放入 1/3 桶冰块,再放入 1/2 水后,放在冰桶架上,并配一条叠成 8cm 宽的条状餐巾,白葡萄酒置于冰桶内,酒标朝上。

(4)将准备好的白葡萄酒与冰桶架等一同拿到主人座位的右侧,将一小碟放在主人餐具的右侧。

（5）把酒瓶取出，用餐巾裹住酒瓶，露出酒标，左手以餐巾托底部以防滴水，右手用拇指与食指捏瓶颈，标签面对客人，送至主人面前，请客人验酒。注意使用后敬语："请您验酒，好吗？"声音轻柔、清晰。

（6）客人认可后，再放入冰桶。

（7）左手扶住酒瓶，右手用开瓶器开启木塞（与酒水的开瓶相同，略）；将木塞放入小碟中，放在主人白葡萄酒杯的右侧。

（8）在主人杯中倒 1/5 白葡萄酒，让其品评，使用敬语："请您试酒，好吗？"声音轻柔、清晰，在主人认可后再给客人斟酒。

（9）斟酒与前述"斟酒"技能相同。（略）

（10）发现客人的酒只剩 1/3 时，需上前征得客人同意再为客人添酒。同时询问："再为您添些酒，好吗？"

（11）当整瓶酒即将倒完时，询问主人是否需要再加一瓶。

（12）主人表示不再加酒，待其喝完酒后，将空杯撤掉。

❈ 考核标准 ❈

项目	程序正确	操作标准	示酒、开瓶规范	斟酒规范	姿态大方	语气柔和	表情自然
分值	1	2	2	2	1	1	1

训练项目十八：红葡萄酒的服务

▶ 训练目标

通过实训，掌握红葡萄酒服务的正确方法。

▶ 准备工作

红葡萄酒若干瓶、红葡萄酒杯若干、桌子若干、餐巾若干、酒篮若干。

▶ 训练方法

教师进行示范讲解，讲明训练要求及注意事项，按 4~6 人一组进行模拟练习，分别模拟客人、服务员之角色；教师检查、指导，纠正个别错误，集体点评一般错误。

▶ 操作程序

递酒单→点酒→准备酒水→示酒、验酒→开瓶→试酒（询问客人是否试酒）→斟酒→添酒→撤杯。

模拟练习

（1）递酒单，与"白葡萄酒的服务"相同。

（2）点酒。（略，同前）

（3）准备好红酒篮，在酒篮内铺垫干净的餐巾，从酒吧取出客人所点出的酒，将酒瓶擦拭干净，将酒瓶轻轻卧放于酒篮内，商标朝上。

（4）将小碟放在主人餐具的右侧。

（5）手持酒篮，左手轻托酒篮的底部，成45°倾斜，请客人检验；同时使用后敬语"先生/女士，请您验酒，好吗?"声音轻柔、清晰。

（6）用开瓶器开启酒瓶，方法与"开瓶"服务程序相同。

（7）将木塞放入小碟中，请主人过目。

（8）试酒。（与"白葡萄酒的服务"同）

（9）斟酒。（与"斟酒"服务同）

（10）添酒。（与"白葡萄酒的服务"同）

（11）当整瓶酒即将倒完时，询问主人是否需要再加一瓶。

（12）主人表示不再加酒，待其喝完酒后，将空杯撤掉。

考核标准

项目	程序 正确	操作 标准	示酒、开 瓶规范	斟酒 规范	姿态 大方	语气 柔和	表情 自然
分值	1	2	2	2	1	1	1

训练项目十九：香槟酒的服务

▶ **训练目标**

通过实训，掌握香槟酒服务的正确方法。

▶ **准备工作**

香槟酒若干瓶、香槟酒杯若干、桌子若干、餐巾若干、冰桶若干、冰桶架若干、冰块等。

▶ **训练方法**

教师进行示范讲解，讲明训练要求及注意事项，按4～6人一组进行模拟练习，分别模拟客人、服务员之角色；教师检查、指导，纠正个别错误，集体点评一般错误。

▶ **操作程序**

递酒单→点酒→准备酒水→示酒、验酒→开瓶→试酒（询问客人是否试酒）→斟酒→

添酒→撤杯。

▌ 模拟练习 ▌

（1）递酒单，与"白葡萄酒的服务"相同。

（2）点酒。（略，同前）

（3）准备冰桶，将香槟酒放入冰桶内冰镇，商标朝上。

（4）将连同冰桶的冰桶架放在客人桌旁不影响正常服务的位置。

（5）向主人展示酒标以得到确认。方法同"白葡萄酒的服务"。

（6）用开瓶器开启酒瓶，方法与"开瓶"服务程序相同。

（7）向主人杯中斟倒 1/5 酒，交予主人品尝。

（8）按女士优先的原则依次斟酒。（与"斟酒"服务同）

（9）添酒。（与"白葡萄酒的服务"同）

（10）当整瓶酒即将倒完时，询问主人是否需要再加一瓶。

（11）主人表示不再加酒，待其喝完酒后，将空杯撤掉。

❖ 考核标准 ❖

项目	程序 正确	操作 标准	示酒、开 瓶规范	斟酒 规范	姿态 大方	语气 柔和	表情 自然
分值	1	2	2	2	1	1	1

训练项目二十：更换烟灰缸

▶ 训练目标

通过实训，掌握更换烟灰缸的正确方法。

▶ 准备工作

托盘若干个，烟缸若干个，口布若干块，餐桌若干。

▶ 训练要求

教师进行示范讲解，讲明训练要求及注意事项，按 4 人一组进行实际操作练习；同学互评，教师检查、指导，纠正个别错误，集体点评一般错误。

▌ 模拟练习 ▌

方法一

（1）站在客人的右后侧，右腿伸到两椅之间，身体略为前倾，用托盘托着倒扣的干净的烟灰缸。

（2）把干净的烟灰缸倒扣在脏的烟灰缸上。

（3）再把两只烟灰缸一起放进托盘里，这样可避免烟灰到处乱飞。

（4）把干净的烟灰缸摆回餐桌上。

方法二

（1）在托盘里放两只干净的烟灰缸，先将一只干净的烟灰缸放在脏烟灰缸边，拿另外一只干净的烟灰缸倒扣在脏烟灰缸上一同取下，再将先放的干净烟灰缸复位。

（2）撤换烟灰缸时应注意尽量不打扰宾客。

◈ 考核标准 ◈

项目	姿态大方	操作正确	仪容仪表得体	托盘平稳	表情自然
分值	2	2	2	2	2

训练项目二十一：撤换餐具

▶ 训练目标

通过实训，熟练掌握撤换餐具服务技能，能够为客人提供规范、标准的服务。

▶ 准备工作

骨碟若干个，托盘若干。

▶ 训练方法

教师进行示范讲解，讲明训练要求及注意事项，按 4 人一组进行实际操作练习；同学互评，教师检查、指导，纠正个别错误，集体点评一般错误。

▌ 模拟练习 ▌

站在宾客的右侧，右腿伸到两椅之间，左手托盘，伸出右手先撤下用过的骨碟，然后送上干净的骨碟。撤盘应从主宾开始，按顺时针方向绕台进行。

◈ 考核标准 ◈

序号	考核内容	考核要点	评分标准	分值
1	撤前准备	用托盘托干净骨碟，走近餐台前	托盘姿势正确，1分；走姿优雅、标准 1 分	2

续表

序号	考核内容	考核要点	评分标准	分值
2	操作过程	(1) 在宾客的右边进行 (2) 轻声与客人打招呼,询问是否可以为其撤换骨碟 (3) 左手托盘、右手先撤下用过的骨盘 (4) 从主宾开始 (5) 按顺时针方向进行	操作时有礼貌用语,1分;从客人右边进行,1分;左手托盘,1分,右手先撤下骨碟,1分,换上干净骨碟,骨碟于餐桌位置正确,1分;从主宾位开始,1分;按顺时针方向,1分	7
3	撤换完毕	将脏骨碟放入指定区域	动作规范,不发出巨大声响,1分	1
	合　计			10

训练项目二十二：香烟服务

▶ 训练目标

通过实训,掌握香烟服务的正确方法;掌握为客人点烟的服务技巧及方法。

▶ 准备工作

托盘若干、香烟若干盒、骨碟若干、垫纸若干、火柴若干、打火机等。

▶ 训练方法

教师进行示范讲解,讲明训练要求及注意事项,按4～6人一组进行模拟练习,分别模拟客人与服务员之角色;教师检查、指导,纠正个别错误,集体点评一般错误。

▶ 操作程序

订烟→送烟→点烟。

▌模拟练习▌

(1) 为客人订香烟,开出订单,到吧台或收银处取香烟。

(2) 打开香烟盒,将香烟盒上端打开,取下1/3锡箔纸,轻敲底部,使香烟自动滑出5支左右,伸出长度可以1cm、2cm、3cm不等。

(3) 将香烟放在垫有花纸垫的骨碟内,配火柴,用托盘端送给客人。

(4) 当客人准备抽烟时,立即上前为其点烟。点烟时,火柴划向自己,当火苗稳定后,将火由下至上递到客人面前,为客人点烟,一根火柴最多为两位客人点烟。

(5) 火柴梗摇灭后,放回到火柴盒内。

(6) 用打火机为客人点烟时,注意调节火苗的大小,一次最多为两位客人点烟。若需要,熄灭后再次打着。

❖ 考核标准 ❖

项目	姿态大方	操作正确	仪容仪表得体	顺序正确	语气柔和	表情自然	言语礼貌
分值	1	2	1	2	2	1	1

训练项目二十三：加位服务

▶ 训练目标

通过实训,掌握客人突然增多时的加位服务方法。

▶ 准备工作

餐桌若干、餐椅若干、菜单若干。

▶ 训练方法

教师进行示范讲解,讲明训练要求及注意事项,按 6～8 人一组进行模拟练习,分别模拟客人与服务员之角色;教师检查、指导,纠正个别错误,集体点评一般错误。

▶ 操作程序

加餐椅→加餐具→补菜单。

▌ 模拟练习 ▌

1. 加餐椅

就餐客人临时增加人数时,服务员要立即上前,请先到的客人向两侧做挪位,再把补充的餐椅摆在空位上,并请刚到的客人入座。如有小孩就餐,要马上搬来童椅,并抱小孩入座。

2. 加餐具

按摆台要求将相应的餐具摆上餐桌。

3. 补菜单

小声询问客人是否需要加菜,如客人需加菜,则递上菜单,接受点菜;开单并送厨房。

❖ 考核标准 ❖

项目	姿态大方	操作正确	仪容仪表得体	顺序正确	语气柔和	表情自然	言语礼貌
分值	1	2	1	2	2	1	1

训练项目二十四：解决客人投诉

▶▶ **训练目标**

通过实训,掌握妥善处理客人投诉的方法;懂得维护饭店以及客人的利益,使客人对饭店留下良好的印象,变不利因素为有利因素。

▶▶ **准备工作**

笔、记录本。

▶▶ **训练方法**

教师进行示范讲解,讲明训练要求及注意事项,按两人一组进行情景模拟练习(设定投诉案例);教师检查、指导,纠正个别错误,集体点评一般错误。

▶▶ **操作程序**

(1) 耐心聆听:不打断客人的叙述,必要时认真记录。

(2) 表示明白:保持礼貌、冷静,简要复述客人的投诉。

(3) 表示歉意:告诉客人你对发生的一切非常抱歉,态度诚恳,显示为客人排难解忧的愿望。

(4) 提出解决办法:迅速通知厨房或其他部门使其有足够的时间准备;解决不了问题的可先征求客人意见,再向上汇报,绝不指责客人的过错。

(5) 回慰客人:告诉客人解决的办法和计划,征求客人对处理结果是否满意,讲究效率。

(6) 感谢客人:感谢客人向饭店反映问题,态度诚恳。

(7) 向上汇报:向大堂经理(或领班)汇报此事。

▌▌ 情景模拟 ▌▌

客人投诉菜里吃出了头发

客　　人:喂,服务员,菜里怎么有根头发?

服务员:对不起,先生! 我马上给您换一道,好吗?

客　　人:好吧,你们这儿卫生真成问题。

服务员:非常抱歉,请您稍等。(迅速撤菜入厨房)
　　　　　先生,我还能帮您再做点什么吗?(为客人斟倒茶水)

客　　人:不用了。以后注意啊,怎么能让头发掉进菜里呢?

服务员:好的,谢谢您给我们的建议,餐厅一定积极改进,希望下次一切都能令您满意!

客　　人:好吧。

服务员：先生，对不起! 让您久等了! (新菜上桌)

　　　　请您慢用! 祝您用餐愉快!

❖ 考核标准 ❖

序号	考核内容	考核要点	评分标准	分值
1	制造一例投诉事件	观察学生的反应	有服务意识和积极解决投诉的意识，1分	1
2	解决投诉的过程	耐心聆听 表示明白 表示歉意 提出解决办法 回慰客人 感谢客人	不打断客人的叙述，0.5分 认真记录，0.5分 保持礼貌、冷静，0.5分 简要复述客人的投诉，0.5分 表示抱歉，态度诚恳，0.5分 显示为客人排难解忧的愿望，0.5分 告诉客人解决的办法和计划，0.5分 征求客人对处理结果是否满意，1分 讲究效率，0.5分 感谢客人向饭店反映问题，0.5分 态度诚恳，0.5分	6
3	善后工作	做好投诉事件记录 向上汇报	整个事件处理得当，2分 有汇报、有记录，1分	3

训练项目二十五：结账、拉椅送客

▶ 训练目标

通过实训，熟练掌握结账服务方法；掌握送客服务方法。

▶ 准备工作

账单、账单夹、收银盘若干、餐桌若干、椅子若干。

▶ 训练方法

教师进行示范讲解，讲明训练要求及注意事项，按 4～6 人一组进行模拟练习，分别模拟客人、服务员之角色；教师检查、指导，纠正个别错误，集体点评一般错误。

▌▌模拟练习 ▌▌

1. 结账

当客人示意结账时，迅速到收银台取来客人的账单，账单反面向上地放在收银盘内送给客人。

递送账单时，身体略微向前倾斜，同时对客人礼貌地说："先生/女士，这是您的账单，请您过目。"客人要求报出消费总额时,才能小声地报出账单总额。

客人对账单有疑问,应耐心解释。(客人:为什么这么多钱? 服务员:对不起,我马上帮您核对账单。先生/女士,您点的×××菜38元,××68元,××菜26元,×××汤、主食39元,合起来一共消费171元,您看,对吗? 客人:这样啊,那好吧! 服务员:谢谢!)

客人现金结账时,付现金后,将其及时送至收银台,由收银员收账找零,并加盖"付讫"章,将找零和客人的发票回呈给客人,提醒客人当面点清并礼貌致谢。(这是您的找零和发票,请您核实后收好。谢谢!)

客人以支票结账时,需礼貌地请客人在支票后面签上姓名、地址及联系电话,交由收款员处理后再将支票存根及发票递交客人并致谢。

客人以信用卡结账时,需用礼貌语言请客人出示身份证并在账单上签名,将信用卡、账单及身份证交收款员处理后,再把信用卡签付单及笔递交客人签名,如客人签字与信用卡一致,则将所有证件、签付单存联及发票交还给客人并致谢。

客人以签单结账时,需将账单及笔递给客人,礼貌地要求客人出示开房欢迎卡并在账单上签名,写上房号,然后将房卡及账单交收款员处理,核对无误后再将房卡递还给客人并致谢。

2. 拉椅送客

当客人起身准备离开时,上前为客人拉椅——双手抓椅背,退后半步,将椅子拉至客人方便站起、出入的位置。

当客人起身后,向客人致谢并提醒客人勿遗留物品。(感谢您的光临! 请您拿好自己的东西!)

在客人前方,把客人送到餐厅门口。(欢迎您下次再来!)

当客人走出餐厅门口时,领位员上前再次向客人致谢道别。(感谢您的惠顾! 希望能再次见到您。)

◇◇ 考核标准 ◇◇

项目	程序 正确	言语 礼貌	姿态 大方	语气 柔和	表情 自然	操作 规范
分值	1	1	2	2	2	2

训练项目二十六:撤桌服务

▶ 训练目标

通过实训,熟练掌握撤桌服务技能、方法。

▶ 准备工作

餐台若干、餐具若干、台布若干、托盘若干。

▶ 训练方法

教师进行示范讲解,讲明训练要求及注意事项,按 4～6 人一组进行模拟练习;教师检查、指导,纠正个别错误,集体点评一般错误。

▶ 操作要求

零点撤台需在该桌客人离开餐厅后进行,宴会撤台必须在所有客人均离开餐厅后才能进行。

(1) 收撤餐具要轻拿轻放,不得损坏餐具,尽量不要发生碰撞声响。

(2) 收撤餐具要为下道工序创造条件,叠碗时大碗在下,小碗在上。

(3) 收撤时,要把剩有汤或菜的餐具集中起来放置。

模拟练习

(1) 按摆台规范要求对齐餐椅。

(2) 将桌面上的花瓶、调味瓶和桌号牌收到托盘上,暂放于服务桌。

(3) 用托盘开始撤桌面上的餐具,并送到洗碗机房清洗。收撤的顺序为:毛巾→餐具→玻璃器皿→银器→钢器→瓷器。

(4) 桌面清理完,立即更换桌布——将脏台布用大拇指和食指捏起靠自己的这边,拉起并折上,然后将对面的两边翻起,折向自己方向,再将四周团拢折起。

(5) 取出干净的台布打开,利用推拉式铺在露出的桌面上。

(6) 用干净抹布把花瓶、调味瓶和桌号牌擦干净后按摆桌规范摆上桌面。

(7) 如餐桌上使用转盘,则须先取下已用过的转盘罩、转盘,然后更换桌布,再摆好转盘,套上干净的转盘罩。

考核标准

项目	顺序正确	操作规范	姿态大方	摆放得当	轻拿轻放	表情自然
分值	2	2	2	1	2	1

第 5 篇

调酒基本功

训练项目一：认识调酒工具及用品

▶ 训练目标

通过实训，使学生熟悉并掌握常见的调酒工具及用品，并能合理配置这些工具、用品，为做好酒水的调制工作奠定良好基础。

▶ 准备工作

准备好常见的调酒工具及用具，如调酒壶、计量杯、调酒匙、调酒棒等工具；各种常见常用酒杯。

▶ 操作要求

通过对各种调酒工具的外观、形状观察和比对，正确区分不同调酒工具及用品。

▶ 训练方法

教师演示各种调酒工具及酒杯，描述其外观及形态及特点；学生分组相互考查识别，强化记忆，学会根据调酒的需要选用调酒工具及酒具；教师巡视、指导、检查、示范，纠正个别错误，集体讲评一般错误。

▌ 模拟练习 ▌

一、常见常用酒杯

1. 烈酒杯（shot glass）

烈酒杯容量规格一般为 56ml，用于各种烈性酒。只限于在净饮（不加冰）的时候使用。（喝白兰地除外）如图 5-1 所示。

2. 古典杯（old fashioned or rock glass）

古典杯容量规格一般为 224～280ml，大多用于喝加冰块的酒和净饮威士忌酒，有些鸡尾酒也使用这种酒杯。如图 5-2 所示。

3. 果汁杯（juice glass）

果汁杯容量规格一般为 168ml，喝各种果汁时使用。如图 5-3 所示。

图 5-1　烈酒杯　　　　图 5-2　古典杯　　　　5-3　果汁杯

4. 高杯(highball glass)

高杯容量规格一般为 224ml,用于特定的鸡尾酒或混合饮料,有时果汁也用高杯。如图 5-4 所示。

5. 柯林杯(collins)

柯林杯容量规格一般为 280ml,用于各种烈酒加汽水等软饮料、各类汽水、矿泉水和一些特定的鸡尾酒(如各种长饮)。如图 5-5 所示。

6. 浅碟型香槟杯(champagne saucer)

浅碟型香槟杯容量规格一般为 126ml,用于喝香槟和某些鸡尾酒。如图 5-6 所示。

图 5-4　高杯　　　　图 5-5　柯林杯　　　　5-6　浅碟型香槟杯

7. 郁金香型香槟杯(champagne tulip)

郁金香型香槟杯容量规格一般为 126ml,只用于喝香槟酒。如图 5-7 所示。

8. 白兰地杯(brandy snifter)

白兰地杯容量规格一般为 224～336ml,净饮白兰地酒时使用。如图 5-8 所示。

9. 啤酒杯(pilsner)

啤酒杯容量规格一般为 280ml,餐厅里喝啤酒用。如图 5-9 所示。

图 5-7　郁金香型香槟杯　　　图 5-8　白兰地杯　　　图 5-9　啤酒杯

10. 扎啤杯(beer mug)

扎啤杯在酒吧中一般喝生啤酒用。如图 5-10 所示。

11. 鸡尾酒杯(cocktail glass)

鸡尾酒杯容量规格一般为 98ml,调制鸡尾酒以及喝鸡尾酒时使用。如图 5-11 所示。

12. 餐后甜酒杯(liqueur glass 或 cordial glass)

餐后甜酒杯容量规格一般为 35ml,用于喝各种餐后甜酒、鸡尾酒、"天使之吻"鸡尾酒等。如图 5-12 所示。

图 5-10　扎啤杯　　　　图 5-11　鸡尾酒杯　　　　5-12　餐后甜酒杯

13. 白葡萄酒杯(white wine glass)

白葡萄酒杯容量规格一般为 98ml,喝白葡萄酒时使用。如图 5-13 所示。

14. 红葡萄酒杯(red wine glass)

红葡萄酒杯容量规格一般为 224ml,喝红葡萄酒时使用。如图 5-14 所示。

15. 雪利酒杯(sherry glass)

雪利酒杯容量规格一般为 56ml 或 112ml,专门用于喝雪利酒。如图 5-15 所示。

图 5-13　白葡萄酒杯　　　　图 5-14　红葡萄酒杯　　　　图 5-15　雪利酒杯

16. 波特酒杯(port wine glass)

波特酒杯容量规格一般为 56ml,专门用于喝波特酒。如图 5-16 所示。

17. 特饮杯(hurricane)

特饮杯容量规格一般为 336ml,用于喝各种特色鸡尾酒。如图 5-17 所示。

图 5-16　波特酒杯　　　　　　图 5-17　特饮杯

18. 酸酒杯(whisky sour)

酸酒杯容量规格一般为 112ml,喝酸威士忌鸡尾酒时使用。如图 5-18 所示。

19. 爱尔兰咖啡杯(Irish coffee)

爱尔兰咖啡杯容量规格一般为 210ml,喝爱尔兰咖啡时使用。如图 5-19 所示。

图 5-18　酸酒杯　　　　　图 5-19　爱尔兰咖啡杯

20. 苏打杯(soda glass)

苏打杯常用容量规格一般为 448ml,用于吃冰淇淋。

二、调酒用具

1. 酒吧开刀(waiter's knife,俗称 waiter's friend)

酒吧开刀用于开起红、白葡萄酒的木塞,也可用于开汽水瓶、果汁罐头。如图 5-20 所示。

2. 开塞钻(cork screw)

开塞钻用于开起红、白葡萄酒酒瓶的木塞。如图 5-21 所示。

3. 量杯(jigger)

量杯(量酒器)用于度量酒水的分量。如图 5-22 所示。

图 5-20　酒吧开刀　　　　图 5-21　开塞钻　　　图 5-22　量杯

4. 滤冰器(strainer)

滤冰器用于调酒时过滤冰块。如图 5-23 所示。

5. 开瓶器(bottle opener)

开瓶器用于开启汽水、啤酒瓶盖。如图 5-24 所示。

6. 开罐器(can opener)

开罐器用于开启各种果汁、淡奶等罐头。如图 5-25 所示。

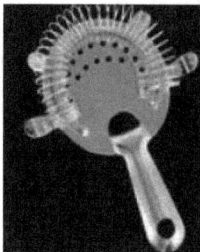
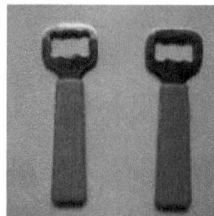

图 5-23　滤冰器　　　　　图 5-24　开瓶器　　　　图 5-25　开罐器

7. 酒吧匙(bar spoon)

酒吧匙分大、小两种,用于调制鸡尾酒或混合饮料。如图 5-26 所示。

8. 调酒壶(shaker)

调酒壶用于调制鸡尾酒,按容量分大、中、小 3 种型号。如图 5-27 所示。

9. 调酒杯(mixing glass)

调酒杯用于调制鸡尾酒。如图 5-28 所示。

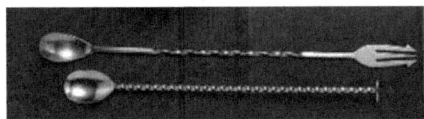

图 5-26　酒吧匙

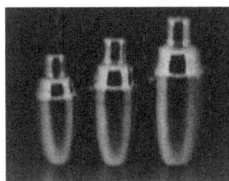

图 5-27　调酒壶

图 5-28　调酒杯

10. 砧板(cutting board)

砧板用于切水果等装饰物。

11. 果刀(fruit knife)

果刀用于切水果等装饰物。

12. 叉子(relish fork)

叉子用于叉洋葱或水橄榄等装饰物。

13. 倒酒器(pourer)

倒酒器用于倒酒,以控制倒酒量。如图 5-29 所示。

14. 鸡尾酒签(cocktail pick)

鸡尾酒签供穿装饰物用。如图 5-30 所示。

15. 冰夹(ice tong)

冰夹供夹冰块用。如图 5-31 所示。

图 5-29　倒酒器

5-30　鸡尾酒签

图 5-31　冰夹

16. 柠檬夹(lemon tong)

柠檬夹供夹柠檬片用。如图 5-32 所示。

17. 冰铲(ice container)

冰铲供装冰块用。如图 5-33 所示。

18. 宾治盆(punch bowl)

宾治盆供装什锦水果宾治或冰块用。如图 5-34 所示。

图 5-32　柠檬夹

图 5-33　冰铲

图 5-34　宾治盆

19. 酒桶(ice bucket 或 wine cooler)

酒桶供客人饮用白葡萄酒或香槟酒时作冰镇用。如图 5-35 所示。

20. 香槟塞(champagne bottle shutter)

打开香槟后,香槟塞用作瓶塞。如图 5-36 所示。

图 5-35　酒桶

图 5-36　香槟塞

❖ 考核标准 ❖

项目	识别无误	口齿清晰	解释准确	姿态大方	表情自然
分值	2	2	2	2	2

训练项目二：摇和法之单手摇和

▶ **训练目标**

通过实训,使学生明确单手摇和法(shaking)的基本知识;熟练掌握单手摇和的要领、方法;利用单手摇和出均匀的酒品。

▶ **准备工作**

准备好调酒所需的相应物品、用品、设备:调酒壶、计量杯、酒水和辅料、冰块、杯具、装饰品。

▶ **操作程序**

(1) 准备用具和材料:调酒壶、计量杯、酒水和辅料、冰块、杯具、装饰品。

(2) 按顺序将材料放入调酒壶:先放入辅料,再放入基酒,最后放入冰块。

(3) 摇和:单手摇和。

(4) 倒入指定杯具:根据酒水配方和要求倒入规定的杯子。

（5）装饰物：将规定的装饰物装饰在杯子上或杯子内。

▶ 训练方法

　　教师首先示范讲解，再讲明训练要求及训练时的特别注意事项，然后学生实际操作；教师不断巡视、检查、示范、纠正个别错误，集体讲评一般错误。

‖ 模拟练习 ‖

　　（1）用量酒器或计量杯倒 3OZ 的水和 5～6 块冰块放入调酒壶中。（也可用 3～5OZ 的大米来代替酒水）

　　（2）分两步操作，先紧紧扣上滤冰器，然后盖上顶盖。（切忌一次性装上滤冰器和顶盖）

　　（3）用惯用的那只手的食指按住顶盖，用中指和拇指夹住调酒壶，中指和小指按住壶身，手心不要和壶身接触。

　　（4）用惯用的那只手将调酒壶置于胸前，从斜上方→原位→斜下方→原位反复进行二段摇动；或从准备位置向前方推出，然后回到原位反复做活塞运动的一段摇动。

　　（5）尽量把手臂拉直，以手腕的力量使调酒壶左右摇晃，同时手臂自然上下摆动，壶顶朝向调酒师，壶底朝外，并将壶底略微向上抬。

　　（6）用大米进行摇动时，以摇动 15～16 次为准。

　　（7）用冰块练习时，以接触摇酒壶的指尖发冷，壶身表面出现白霜为准。

　　（8）摇动时保持体态的美观大方。

　　（9）摇匀后倒入指定的载杯。

　　（10）根据需要将装饰物装饰在杯子上或杯子内。

❀ 实际调制

　　1. 侧车
　　基酒：白兰地 20ml
　　辅料：君度 20ml、柠檬汁 20ml
　　装饰物：红樱桃装饰杯边
　　2. 玛格丽特
　　基酒：特基拉 40ml
　　辅料：君度 15ml、青柠檬汁 15ml
　　装饰物：杯边挂盐霜

❖ 考核标准 ❖

项目	程序正确	摇和手法	摇动时间	姿态大方	表情自然
分值	2	2	2	2	2

训练项目三：摇和法之双手摇和

▶▶ 训练目标

通过实训，使学生明确双手摇和法（shaking）的基本知识；熟练掌握双手摇和的要领、方法；利用双手摇和出均匀的酒品。

▶▶ 准备工作

准备好调酒所需的相应物品、用品、设备：调酒壶、计量杯、酒水和辅料、冰块、杯具、装饰品。

▶▶ 操作程序

（1）准备用具和材料：调酒壶、计量杯、酒水和辅料、冰块、杯具、装饰品。

（2）按顺序将材料放入调酒壶：先放入辅料，再放入基酒，最后放入冰块。

（3）摇和：双手摇和。

（4）倒入指定杯具：根据酒水配方和要求倒入规定的杯子。

（5）装饰物：将规定的装饰物装饰在杯子上或杯子内。

▶▶ 训练方法

教师首先示范讲解，再讲明训练要求及训练时的特别注意事项，然后学生实际操作；教师不断巡视、检查、示范、纠正个别错误，集体讲评一般错误。

▌▌ 模拟练习 ▌▌

（1）用量酒器或计量杯倒 3OZ 的水和 5～6 块冰块放入调酒壶中。（也可用 3～5OZ 的大米来代替酒水）

（2）分两步操作，先紧紧扣上滤冰器，然后盖上顶盖。（切忌不可一次性装上滤冰器和顶盖）

（3）用右手大拇指按住顶盖，用其他手指夹住调酒壶，再用左手中指从第一关节到指头处按住壶底，食指和无名指夹住调酒壶（或者左手无名指和小指拖住壶底，其余手指夹住壶身），习惯用左手的人在握壶时正好相反，注意手掌不要和调酒壶贴得太紧。

（4）把调酒壶置于胸前，从斜上方→原位→斜下方→原位反复进行二段摇动，或从准备位置向前方推出，然后回到原位反复做活塞运动的一段摇动。

（5）尽量把手臂拉直，以手腕的力量使调酒壶左右摇晃，同时手臂自然上下摆动，壶顶朝向调酒师，壶底朝外，并将壶底略微向上抬。

（6）用大米进行摇动时，按摇动 15～16 次为准。（鸡蛋、牛奶等量大且难以混合的材料以摇动 20 次为准）

（7）用冰块练习时，以接触摇酒壶的指尖发冷，壶身表面出现白霜为准。

（8）摇动时保持体态的美观大方。

（9）摇匀后倒入指定的载杯。

（10）根据需要将装饰物装饰在杯子上或杯子内。

实际调制

1. 红粉佳人

基酒：金酒 30ml

辅料：柠檬汁 15ml、红石榴糖浆 9ml、君度 9ml、蛋清半个

装饰物：使用红樱桃挂杯装饰

2. 咸狗

基酒：伏特加 30ml

辅料：西柚汁 30ml、菠萝汁 5ml

装饰物：杯边挂盐霜

考核标准

项目	程序正确	摇和手法	摇动时间	姿态大方	表情自然
分值	2	2	2	2	2

训练项目四：搅和法

训练目标

通过实训，使学生明确搅和法（stirring）的基本知识；熟练掌握搅和时吧匙的使用技巧。

准备工作

准备好调酒所需的相应物品、用品、设备：吧匙、调酒杯、滤冰器、计量杯、酒水和辅料、冰块、杯具、装饰品。

操作程序

（1）准备用具和材料：吧匙、调酒杯、滤冰器、计量杯、酒水和辅料、冰块、杯具、装饰品。

（2）按顺序将材料放入调酒杯：先放入辅料，再放入基酒，最后放入冰块。

（3）搅和：用惯用的那只手使用吧匙来完成。

（4）倒入指定杯具：根据酒水配方和要求倒入规定的杯子。

(5)装饰物:将规定的装饰物装饰在杯子上或杯子内。

▶ 训练方法

教师首先示范讲解,再讲明训练要求及训练时的特别注意事项,然后学生实际操作;教师不断巡视、检查、示范、纠正个别错误,集体讲评一般错误。

‖ 模拟练习 ‖

(1)用量酒器或计量杯倒3OZ的水和5~6块冰块放入调酒杯中。

(2)用惯用的那只手的中指和无名指夹住吧匙的螺旋状部分,用拇指和食指握住吧匙的上部。

(3)用另一只没握吧匙的手按住调酒杯的下部开始搅动。

(4)搅动时,用拇指和中指轻轻地扶住吧匙,以免吧匙倾倒,用中指指腹和无名指背部按顺时针方向转动吧匙。

(5)向调酒杯里放入或取出吧匙的时候,应使吧匙背面朝上,搅拌的时候,应保持吧匙背面朝着调酒杯外侧,以免吧匙碰着冰块。

(6)搅动的次数以7~8次为标准,时间过长会使冰块过多的消融而导致酒水过"淡"。

(7)把滤冰器扣上调酒杯,并用食指紧紧按住滤冰器,其余手指拿起调酒杯向鸡尾酒杯里倒,这时用另一只手的指尖按住鸡尾酒杯的下部。

(8)将规定的装饰物装饰在杯子上或杯子内。

🌸 实际调制

1. 干马天尼
基酒:金酒45ml
辅料:干味美思酒15ml
装饰物:将盐水橄榄放入杯内
2. 干曼哈顿
基酒:美国波本威士忌30ml
辅料:干味美思酒20ml
装饰物:将盐水橄榄放入杯内

◇ 考核标准 ◇

项目	程序正确	搅和手法	搅和时间	姿态大方	表情自然
分值	2	2	2	2	2

训练项目五：兑和法

▶ **训练目标**

通过实训,使学生明确兑和法(building)的基本知识;熟练掌握往吧匙背面倒酒的技巧。

▶ **准备工作**

准备好调酒所需的相应物品、用品、设备:吧匙、计量杯、酒水和辅料、杯具、装饰品。

▶ **操作程序**

(1) 准备用具和材料:吧匙、计量杯、杯具、辅料、酒水和装饰品。

(2) 按顺序将材料放入调酒杯:先放入比重大的酒品,再放入比重小的酒品。

(3) 兑和:用惯用的那只手使用吧匙来完成。

(4) 倒入指定杯具:根据酒水配方和要求倒入规定的杯子。

(5) 装饰物:将规定的装饰物装饰在杯子上或杯子内。

▶ **训练方法**

教师首先示范讲解,再讲明训练要求及训练时的特别注意事项,然后学生实际操作;教师不断巡视、检查、示范、纠正个别错误,集体讲评一般错误。

‖ **模拟练习** ‖

(1) 用量酒器或计量杯先量好 1OZ 的水。

(2) 将酒水轻轻地倒到吧匙背面,吧匙的边缘贴紧载杯的内壁,让酒水缓缓顺着杯内壁慢慢流入载杯。

(3) 反复练习通过吧匙将水倒入彩虹杯内。

(4) 调制的时候做到心平气和、姿态优雅,尽量避免手的颤抖。

(5) 将规定的装饰物装饰在杯子上或杯子内。

(6) 真实酒品练习时,依据鸡尾酒配方的分量,将酒水按照其含糖量的高低依次倒入载杯中,通常先倒入含糖量高的和酒精度数低的酒水,后倒入含糖量低的和酒精度数高的酒水。

实际调制

1. 彩虹

基酒:红石榴糖浆 15ml、可可利口酒 15ml、薄荷利口酒 15ml、君度 15ml、白兰地 15ml

2. B52

基酒：咖啡利口酒 15ml、百利甜可可酒 15ml、金万利 15ml

◈◈ 考核标准 ◈◈

项目	程序正确	兑和手法	分层效果	姿态大方	表情自然
分值	2	2	2	2	2

训练项目六：搅拌法

▶▶ 训练目标

通过实训，使学生明确搅拌法（blending）的基本知识、用途及使用时机；熟练掌握电动搅拌机的使用技巧。

▶▶ 准备工作

准备好调酒所需的相应物品、用品、设备：刨冰机、电动搅拌机、计量杯、酒水和辅料、杯具、装饰品。

▶▶ 操作程序

（1）准备用具和材料：刨冰机、电动搅拌机、计量杯、酒水和辅料、杯具、装饰品。

（2）按顺序将材料放入调酒杯：将所有材料放入机器内。

（3）搅拌：用电动搅拌机来完成。

（4）倒入指定杯具：根据酒水配方和要求倒入规定的杯子。

（5）装饰物：按规定装饰物装饰。

▶▶ 训练方法

教师首先示范讲解，再讲明训练要求及训练时的特别注意事项，然后学生实际操作；教师不断巡视、检查、示范，纠正个别错误，集体讲评一般错误。

▌▌ 模拟练习 ▌▌

（1）按照正确的顺序，用量酒器或计量杯先量好 5OZ 的水，倒入电动搅拌机的混合杯内。

（2）加入一些水果（通常使用香蕉、猕猴桃、草莓等）。

（3）用刨冰机把 6～8 块冰块刨成碎冰，放入电动搅拌机中。

（4）开启电源，电动搅拌机进行混合搅动，约 10s 关掉开关。

（5）等马达停止时拿下混合杯。

（6）将酒液缓缓倒入指定的载杯。

（7）用规定的装饰物装饰在杯子上或杯子内。

实际调制

1. 香蕉代克力

基酒：百家的朗姆白 40ml

辅料：香蕉甜酒 20ml、柠檬汁 20ml、去皮香蕉半个、碎冰适量

装饰物：香蕉切片杯边装饰

2. 椰林飘香

基酒：百家的朗姆白 40ml

辅料：马里布椰子酒 20ml、牛奶 5ml、椰浆 30ml、菠萝汁 15ml、碎冰适量

装饰物：菠萝切片杯边装饰

考核标准

项目	程序正确	材料的用量	成品效果	姿态大方	表情自然
分值	2	2	2	2	2

训练项目七：制作碎冰、溜杯

▶ 训练目标

通过实训,使学生熟练掌握制作碎冰的方法和溜杯的操作要领、技巧。

▶ 准备工作

准备好冰块、棒槌、包布、匙、冰夹、杯具若干。

▶ 操作程序

制作碎冰→溜杯→清杯。

▶ 训练方法

教师首先示范讲解,再讲明训练要求及训练时的特别注意事项,然后学生实际操作;教师不断巡视、检查、示范、纠正个别错误,集体讲评一般错误。

模拟练习

（1）把冰块用一块干净的布包起来,放在一个坚实的平台上,用棒槌敲到布里只剩下碎冰为止。

（2）把碎冰放进杯子或碗里，用汤匙把沾在布上的碎冰刮下来，然后放进冷库里待用。

（3）在洁净的鸡尾酒杯中用冰夹将 5～6 块适中的冰块放入杯子（通常是三角鸡尾酒杯）中。

（4）用右手将杯子端起，握杯脚，按习惯沿一个方向用手腕轻轻转动杯子，让杯子里的冰块慢慢沿着杯子内壁滑动，持续 15～20s，杯壁有雾气为止，起到冰镇杯子的作用。

（5）将杯子中的冰倒掉即可。

（6）反复进行溜杯练习。

❖ 考核标准 ❖

项目	程序正确	溜杯手法	溜杯时间	姿态大方	表情自然
分值	2	2	2	2	2

训练项目八：常见装饰物的制作

▶ 训练目标

通过实训，使学生熟练掌握常见调酒用装饰物的制作方法。

▶ 准备工作

准备好所需的相应物品、用品：柠檬、樱桃、橙子、菠萝、芹菜、水果刀、牙签、鸡尾酒杯等。

▶ 操作程序

（1）准备所需物品：柠檬、橙子、菠萝、芹菜等果蔬洗净，备好所用之刀具、杯具等。

（2）切割：按不同果蔬的切割要求进行切割。

（3）装饰：根据需要装饰到杯内或杯边。

▶ 训练方法

教师首先示范讲解，再讲明训练要求及训练时的特别注意事项，然后学生实际操作；教师不断巡视、检查、示范，纠正个别错误，集体讲评一般错误。

┃┃ 模拟练习 ┃┃

1. 安全制作装饰物的技巧

（1）以手指牢固地扶持着被切割的装饰物。

（2）食指中指微向内屈，拇指置于后端扶住被切物。

（3）指关节作为刀面之依托，如此可不致切到指尖。

（4）平稳地、以适当的力量下刀切割果蔬，切割时必须全神贯注。

2．橙子、柠檬半月形切片

（1）将橙子或柠檬切去两端，横放，由中心下刀从头到尾切成两半。

（2）平面朝下，每隔适当距离将橙子或柠檬切成半月形切片。

（3）将半月形切片由中间直划 1/2 深的刀缝。

（4）半月形的橙片或柠檬片可挂于杯边作为装饰。

3．橙子、柠檬及青柠檬切圆片

（1）将洗干净的柠檬切去两端。

（2）横放后每间隔适当距离下刀切成薄片。

（3）将柠檬圆片从中心向边缘切断。

（4）切成之圆片可挂于杯边作为装饰。

4．柠檬角切法（一）

（1）柠檬横放，切去头、蒂，由中央横向下刀一切为二。

（2）切面果肉朝下，再切成四等份或八等份。

（3）切成的柠檬角，挤出果汁后放入饮料杯中。（一般不挂杯边）

5．柠檬角切法（二）

（1）柠檬横放，切去头、蒂，由中央横向下刀一切为二。

（2）由横切面以刀轻划入 1/2 深。

（3）直切成 8 片新月形。

（4）横刀切则成半月形的水果片，不宜用于挤汁，适用于挂杯装饰。

6．柠檬角切法（三）

（1）头尾端切掉一部分。

（2）由上而下直刀一切为二。

（3）果肉朝下直刀切成两长条状（四瓣）。

（4）横放后再直刀每间隔适当距离下刀切成三角形状。

7．长条形柠檬皮的切法

（1）头尾切掉一小部分，以吧匙把果肉挖出。

（2）挖出果肉后一刀将外皮切成两片。

（3）切条时由果肉部下刀，刀才不会打滑，也较省力。

8．削柠檬皮

（1）把柠檬彻底洗净后沥干。

（2）左手拿住柠檬，右手用一把锋利的小刀从柠檬长端开始，旋转出刀口。

（3）将刀刃中部平贴于柠檬皮内，右手拇指平贴于刀背，顺时针方向把柠檬皮削成螺旋状。

（4）皮尽可能削薄一点，上面不要有果肉，所削部分宽度要均匀。

9．菠萝块的切法

（1）选择成熟的菠萝，顶端绿叶拉掉，菠萝横放将头尾一小截切掉。

（2）直正后直刀而下，一切为二。

（3）果肉朝下再直刀切成 1/4 块。

（4）直立或横着将果心切掉。

（5）上端中央点划刀口至半，再横刀切片即成三角形。

（6）若以牙签将樱桃与菠萝叉在一起即成为菠萝旗。

10.芹菜茎的切法

（1）首先切掉芹菜根部，量测酒杯之高度。

（2）切除过长不用之底部。

（3）粗大之芹菜茎可再中切为两段或三段，叶子应保留。

（4）将芹菜浸泡于冰水中以免变色、发黄或萎缩。

11.牙签装饰的运用

（1）牙签串上红樱桃与橙子圆片即为橙子旗。

（2）红樱桃也可串上三角形柠檬。

（3）以牙签串上三粒橄榄或两粒珍珠洋葱。

❖❖ 考核标准 ❖❖

项目	程序正确	切割手法	装饰效果	姿态大方	表情自然
分值	2	2	2	2	2

训练项目九：挂霜

▶ 训 练 目 标

通过实训，掌握挂霜的基本知识、基本方法；熟练掌握挂霜的标准、规范、技巧。

▶ 准 备 工 作

准备好挂霜所需的相应物品、用品、设备：各种利口酒和三角鸡尾酒杯或者玛格丽特酒杯，糖、盐少许，柠檬或青柠。

▶ 操 作 程 序

（1）准备用具和材料：各种利口酒和三角鸡尾酒杯或者玛格丽特酒杯，糖、盐少许，柠檬或青柠。

（2）挂霜：将湿润过的杯口蘸上糖或盐。

（3）处理杯具：将挂霜的杯子轻轻抖动并轻轻地用指头弹，去掉多余的糖或盐。

▶ 训 练 方 法

教师首先示范讲解，再讲明训练要求及训练时的特别注意事项，然后学生实际操作；

教师不断巡视、检查、示范、纠正个别错误,集体讲评一般错误。

模拟练习

（1）先将盐和糖盛放在合适的碟子当中。

（2）将备用的柠檬或者青柠切成半圆的片。

（3）把杯子的边缘用柠檬片擦拭一遍,然后"大头冲下"在盐或者糖的碟子中轻轻转动。

（4）将挂好霜的杯子拿起来,用食指轻轻地弹。

（5）多余的糖或盐去掉后,形成规则完美的挂霜。

小技巧：可以把杯子边缘放入盛有各种颜色利口酒的小碟子,这样再去挂霜就会出现各种颜色的霜,比如用蓝橙利口酒就出现蓝色的霜,用绿薄荷酒就出现绿色的霜。

考核标准

项目	程序正确	挂霜均匀	姿态大方	表情自然
分值	2	4	2	2

训练项目十:倒酒

▶ 训练目标

通过实训掌握倒多杯鸡尾酒的基本方法;熟练掌握倒多杯鸡尾酒的技巧。

▶ 准备工作

准备好倒酒所需的相应物品、用品、设备:鸡尾酒杯、调酒壶等。

▶ 操作程序

（1）调酒壶内备两份以上的饮料;

（2）将酒杯并成一列;

（3）从头到尾往返倒入酒杯;

（4）先倒入 1/4 杯;

（5）再倒入 1/2 杯;

（6）直至全部倒完壶中酒。

▶ 训练方法

教师首先示范讲解,再讲明训练要求及训练时的特别注意事项,然后学生分组实际操作;教师不断巡视、监督、检查、示范、纠正个别错误,集体讲评一般错误。

▌▌ 模拟练习 ▌▌

　　将调酒壶中两份以上的饮料从头到尾往返倒入事先并排成一列的鸡尾酒杯中,使各个酒杯中先倒入 1/4 杯,然后再倒入 1/2 杯,直到倒完,而不能先倒满第一杯再倒第二杯,以保证每杯饮料具有相同的酒度和味道。

❖ 考核标准 ❖

项目	程序准确	往返倒酒	防止滴酒	姿态大方	表情自然
分值	2	2	2	2	2

训练项目十一：滗酒

▶ 训练目标

　　通过实训掌握滗酒的基本知识;熟练掌握滗酒的技巧。

▶ 准备工作

　　准备好滗酒所需的相应物品、用品、设备:醒酒器、葡萄酒、酒精灯。

▶ 操作程序

　　(1) 准备用具和材料：醒酒器、葡萄酒、酒精灯。

　　(2) 点燃酒精灯：将酒精灯点燃。

　　(3) 滗酒：在酒精灯的上方将酒慢慢倒入醒酒器。

▶ 训练方法

　　教师首先示范讲解,再讲明训练要求及训练时的特别注意事项,然后学生实际操作；教师不断巡视、监督、检查、示范,纠正个别错误,集体讲评一般错误。

▌▌ 模拟练习 ▌▌

　　(1) 首先将葡萄酒竖直若干小时以便将沉淀物积于底部。

　　(2) 将酒精灯或者蜡烛点燃。

　　(3) 在火光的上方操作,将瓶内的酒水轻轻倒入醒酒器中,不要搅起沉淀物,直到整瓶酒绝大部分倒入醒酒器。

◈◈ **考核标准** ◈◈

项目	程序正确	倒酒缓慢	对着烛光操作	姿态大方	表情自然
分值	2	2	2	2	2

训练项目十二：杯具的清洗与擦拭

▶ **训练目标**

通过实训,熟练掌握杯具清洗和擦拭的基本技巧、方法。

▶ **准备工作**

准备所需的相应物品、用品、设备:各种杯具、百洁布或口布、清洁桶、清洁液、托盘和杯框。

▶ **操作程序**

(1) 准备用具和材料:各种杯具、百洁布或口布、清洁桶、清洁液、托盘和杯框。

(2) 清洗杯具:将杯具放入清洁桶中清洗。

(3) 擦拭:用干净的布擦拭清洗完毕的杯具。

▶ **训练方法**

教师首先示范讲解,再讲明训练要求及训练时的特别注意事项,然后学生实际操作。教师不断巡视、监督、检查、示范,纠正个别错误,集体讲评一般错误。

‖ **模拟练习** ‖

(1) 在两个清洁桶中加入 2/3 的热水。

(2) 在其中一个清洁桶中加入适量的清洁液。

(3) 将杯具放入有清洁液的桶中浸泡后清洗,再放入另一个干净的清洁桶中漂洗。

(4) 拿一块新的干净口布来擦拭。

(5) 擦拭的过程中注意手指不能直接接触杯具,始终隔着口布操作,以避免在杯具上留下手印;不要用力过大,以免扭碎杯具。

◈◈ **考核标准** ◈◈

项目	程序正确	清洗到位	擦拭得当	清洁明亮	表情自然
分值	2	2	2	2	2

第 6 篇

茶艺基本功

训练项目一：接待服务礼仪

▶▶ 训练目标

通过接待服务礼仪训练，使学生掌握接待服务的基本知识，具有得体的行为举止；熟悉和掌握茶文化知识以及泡茶技能，做到以神、情、技动人。

▶▶ 准备工作

准备好营业用具：品茗台，泡茶、饮茶主要用具，辅助用品，备水器，备茶器，盛运器，泡茶席，茶室用品，泡茶用水，冲泡用茶及相关用品，茶艺师用品。

▶▶ 操作要求

仪容仪态训练，服务姿态训练（站、坐、行），服务语言训练。

▶▶ 训练方法

教师首先示范讲解，再讲明训练要求及训练时的特别注意事项；然后将两名学生分为一组，进行相互训练纠错，教师不断巡视、指导、检查、示范，纠正个别错误，集体讲评一般错误。

▌▌ 模拟练习 ▌▌

要求：得体的着装、整齐的发型、优美的手型、优雅的举止。

1. 走姿

女性行走时脚步成柳叶步，大腿夹紧，身体挺直，上身不可摇摆扭动，以保持平衡。同时，双肩放松、下颌微收，两眼平视，面带微笑。并将双手虎口交叉，右手搭在左手上，提放于胸前，以免行走时摆幅过大。男士双臂可随两腿的移动，作小幅自由摆动。当来到客人面前时应稍倾身，面对客人，然后上前完成各种冲泡动作。结束后，面对客人，后退两步倾身转弯离去，以表示对客人的恭敬。

2. 站姿

站立时需做到双腿并拢，两脚成小丁字步，身体挺直，双肩放松，两眼平视，面带微笑。女性应将双手虎口交叉，右手贴在左手上，并置于胸前；男士同样应将双手虎口交叉，但要将左手贴在右手上，置于胸前，而双脚可呈外八字稍作分开。上述动作应随和自然，避免生硬呆滞。

3. 坐姿

冲泡者坐在椅子上，要全身放松，端坐中央，使身体重心居中，保持平稳。同时，双膝并拢，两脚一前一后，脚跟在一条直线上，上身挺直，切忌两腿膝盖分开，或一腿搁在另一腿上，不断抖动。另外，应头部上顶，下颌微作收敛，鼻尖对向腹部，面带微笑。女性可将双手手掌上下相搭，平放于两腿之间，也可放于茶桌之上；而男士则可将双手手心平放于左右两边大腿的前方。

❖ 考核标准 ❖

项目	仪表整洁	言语礼貌	举止端庄	语速适中	姿态大方	表情自然
分值	1	2	2	1	3	1

训练项目二：了解中国名茶、名泉

▶ 训练目标

通过对名茶、名泉的介绍，使学生了解中国茶文化的博大精深；通过训练能对各种茶叶进行区分，了解中国名泉的产地和特征。

▶ 准备工作

准备各种名茶，主要有绿茶、红茶、乌龙茶、白茶、黄茶、黑茶、花茶等。名泉的光碟。

▶ 操作要求

通过对茶叶外形、色泽、香气、汤色、滋味、叶底的观察和比对来正确区分各种茶品。

▶ 训练方法

教师示范操作，学生模仿训练，教师巡视、指导、检查、示范，纠正个别错误，集体讲评一般错误。

▌ 模拟练习 ▌

绿茶的特点是清汤绿叶，滋味鲜爽；红茶的特点是红汤红叶，滋味醇厚；乌龙茶色泽青褐，俗称"绿叶红镶边"；其汤色黄红，具有天然花香，韵味独特；成品白茶表面布满白色茸毫，汤色淡杏黄，口味鲜爽，香气清新；黄茶具有"黄汤黄叶"的特点；黑茶色泽棕褐油润，有独特的陈香；花茶香气浓郁，富有花香。

❖ 考核标准 ❖

项目	绿茶特征	红茶特征	乌龙茶特征	白、黄茶特征	黑茶、花茶特征
分值	2	2	2	2	2

训练项目三：识别绿茶的优劣

▶ 训练目标

通过训练，能正确地对绿茶进行分辨，掌握优质绿茶的特征。

▶ **准备工作**

准备多种绿茶,其中有优质茶和劣质茶。

▶ **操作要求**

通过对茶叶外形、色泽、香气、汤色、滋味、叶底的观察和比对来正确识别绿茶的优劣。

▶ **训练方法**

教师示范操作,学生模仿训练;教师巡视、指导、检查、示范,纠正个别错误,集体讲评一般错误。

模拟练习

1. 优质绿茶的特征

(1)外形:绿茶种类不同,外形差别大。眉茶条索均匀,整洁光滑;珠茶颗粒紧结,滚圆如珠,重实;烘青、毛峰茶条索紧结、白毫多。

(2)色泽:眉茶呈绿色且带银灰光泽;珠茶深绿而带乌黑光泽;炒青碧绿青翠;烘青呈绿带嫩黄色;瓜片翠绿。

(3)香气:有清香,屯绿有板栗香;舒绿有花香;蒸青有紫菜香。

(4)汤色:汤色青翠碧绿而透明清澈。

(5)滋味:茶汤浓醇鲜爽,回味带甘。

(6)叶底:明亮、细嫩、厚软,呈嫩绿色,叶背有白色茸毛。

2. 劣质绿茶的特征

(1)外形:眉茶条索松扁、弯曲、轻飘;珠茶外形呈扁块或松散开口;烘青、毛峰条索粗松、质松、毫少。

(2)色泽:色泽发黄、发紫、暗淡。

(3)香气:有烟味、酸味、馊味、青草味及其他异味。

(4)汤色:汤色深黄、暗浊、泛红。

(5)滋味:浓而不爽或淡薄、粗涩,有老青味。

(6)叶底:叶底青暗、粗老、薄硬甚至有红梗红叶、靛青叶以及青菜色。

❖ 考核标准 ❖

项目	外形	色泽	香气	汤色	滋味	叶底
分值	2	2	2	1	2	1

训练项目四：识别红茶的优劣

▶ **训练目标**

通过训练,能正确地对红茶进行分辨,掌握优质红茶的特征。

▶▶ **准备工作**

准备多种红茶，其中有优质茶和劣质茶。

▶▶ **操作要求**

通过对茶叶外形、色泽、香气、汤色、滋味、叶底的观察和比对来正确识别红茶的优劣。

▶▶ **训练方法**

教师示范操作，学生模仿训练；教师巡视、指导、检查、示范，纠正个别错误，集体讲评一般错误。

▌ **模拟练习** ▌

1. 优质红茶的特征

（1）外形：工夫红茶外形条索紧细、匀整；小种红茶条索匀整；红碎茶外形要求匀整一致，碎茶颗粒卷紧，叶茶条直，片茶厚实，末茶成沙粒状，碎、片、叶、末要分清。

（2）色泽：色泽乌润或带褐红色、富有光泽。

（3）香气：工夫红茶香气清新，祁门红茶内质清芳并带有蜜糖香味，上品茶更蕴含着兰花香（号称"祁门香"），馥郁持久；小种红茶具有松烟的特殊香气。

（4）汤色：汤色红亮或红艳，碗沿有明亮金圈，冷却后有"冷浑浊"现象。

（5）滋味：滋味甘鲜醇厚，浓强鲜爽。

（6）叶底：工夫红茶叶底红亮；小种红茶叶底呈古铜色，芽叶齐整均匀，柔软厚实。

2. 劣质红茶的特征

（1）外形：条索粗松、不匀整，外形粗糙，杂质多。

（2）色泽：色泽不一致，灰枯或泛黄、枯暗，粗老叶色泽枯红。

（3）香气：香气不纯，带有青草气味，香低味粗涩，持续时间短，或有异味。

（4）汤色：汤色呈深暗色或浅暗混浊。

（5）滋味：味淡薄或带粗涩味。

（6）叶底：叶底花青、乌暗且不展开。

◈ **考核标准** ◈

项目	外形	色泽	香气	汤色	滋味	叶底
分值	2	2	2	1	2	1

训练项目五：识别花茶的优劣

▶▶ **训练目标**

通过训练，能正确地对花茶进行分辨，掌握优质花茶的特征。

▶ **准备工作**

准备多种花茶,其中有优质茶和劣质茶。

▶ **操作要求**

通过对茶叶外形、色泽、香气、汤色、滋味、叶底的观察和比对来正确识别花茶的优劣。

▶ **训练方法**

教师示范操作,学生模仿训练,教师巡视、指导、检查、示范,纠正个别错误,集体讲评一般错误。

‖ **模拟练习** ‖

1. 优质花茶的特征

(1)外形:条索紧细、圆直、匀整,有锋苗和白毫,略有嫩茎,花骨朵则以纯白色为佳。花与茶的比例为 3∶7。

(2)色泽:色泽乌绿均匀,有光亮。

(3)香气:香气鲜灵、馥郁、清雅,有纯正的花香。

(4)汤色:呈橙黄色或蜜黄色,明亮。

(5)滋味:茶味醇和,甘香浓烈,余香清爽回荡,无苦涩而略带刺激,鲜花香气明显。

(6)叶底:叶片完整,色泽鲜绿。

2. 劣质花茶的特征

(1)外形:条索粗松扭曲、粗碎,有很多的花片、梗子和碎末等,而熏花花骨朵的颜色呈橙黄或褐色。

(2)色泽:色泽发黄。

(3)香气:香气淡薄,干茶香气低或夹杂其他的香味。

(4)汤色:汤色呈淡黄或暗黄。

(5)滋味:茶汤带有苦涩味或刺激性过强。

(6)叶底:叶底断碎,色泽暗绿。

❈ **考核标准** ❈

项目	外形	色泽	香气	汤色	滋味	叶底
分值	2	2	2	1	2	1

训练项目六：识别乌龙茶的优劣

▶ **训练目标**

通过训练,能正确地对乌龙茶进行分辨,掌握优质乌龙茶的特征。

▶▶ 准备工作

准备多种乌龙茶，其中有优质茶和劣质茶。

▶▶ 操作要求

通过对茶叶外形、色泽、香气、汤色、滋味、叶底的观察和比对来正确区分乌龙茶的优劣。

▶▶ 训练方法

教师示范操作，学生模仿训练；教师不断巡视、指导、检查、示范，纠正个别错误，集体讲评一般错误。

‖ 模拟练习 ‖

1. 优质乌龙茶的特征

（1）外形：优质铁观音茶条索卷曲、壮结、沉重，呈青蒂绿腹蜻蜓头状；水仙茶条索肥壮、紧结，带扭曲条形；乌龙茶条索结实肥重、卷曲。

（2）色泽：铁观音色泽鲜润，砂绿显，红点明，叶表带白霜；乌龙茶色泽沙绿乌润或青绿油润。

（3）香气：铁观音茶有类似水蜜桃或兰花的香气；乌龙茶有花香。

（4）汤色：铁观音汤色金黄，浓艳清澈；乌龙茶汤色橙黄或金黄、清澈明亮。

（5）滋味：铁观音茶汤醇厚甘鲜，入口回甘带蜜味；香气馥郁持久，有"七泡有余香之誉"；乌龙茶茶汤醇厚、鲜爽、灵活，饮后齿颊留香，回味甘鲜。

（6）叶底："绿叶红镶边"。铁观音叶底肥厚明亮，具绸面光泽，绿处翠绿稍带黄，红处明亮。

2. 劣质乌龙茶的特征

（1）外形：条索粗松、轻飘。

（2）色泽：呈乌褐色、褐色、赤色、铁色、枯红色。

（3）香气：有烟味、焦味或青草味及其他异味。

（4）汤色：汤色泛青、红暗、带浊。

（5）滋味：茶汤淡薄，甚至有苦涩味。

（6）叶底：绿处呈暗绿色，红处呈暗红色。

◇ 考核标准 ◇

项目	外形	色泽	香气	汤色	滋味	叶底
分值	2	2	2	1	2	1

训练项目七：识别白茶的优劣

▶ 训练目标

通过训练,能正确地对白茶进行分辨,掌握优质白茶的特征。

▶ 准备工作

准备多种白茶,其中有优质茶和劣质茶。

▶ 操作要求

通过对茶叶外形、色泽、香气、汤色、滋味、叶底的观察和比对来正确识别白茶的优劣。

▶ 训练方法

教师示范操作,学生模仿训练;教师巡视、指导、检查、示范,纠正个别错误,集体讲评一般错误。

▌模拟练习▌

白茶成茶芽叶完整或形态如花朵,芽头肥壮,密披白毫,色泽银绿,毫香浓显,清鲜纯正,汤色清中显绿,以杏黄、杏绿、清澈明亮的为上品,滋味鲜爽、醇厚、清甜,叶底嫩匀,叶色鲜亮。

◇ 考核标准 ◇

项目	外形	色泽	香气	汤色	滋味	叶底
分值	2	2	2	1	2	1

训练项目八：识别黑茶(普洱茶)的优劣

▶ 训练目标

通过训练,能正确地对黑茶(普洱茶)进行分辨,掌握优质黑茶(普洱茶)的特征。

▶ 准备工作

准备多种黑茶(普洱茶),其中有优质茶和劣质茶。

▶ 操作要求

通过对茶叶外形、汤色、气味、滋味、叶底的观察和比对来正确识别黑茶(普洱茶)的优劣。

▶ **训练方法**

教师示范操作，学生模仿训练；教师巡视、指导、检查、示范，纠正个别错误，集体讲评一般错误。

模拟练习

1. 优质黑茶（普洱茶）的特征

（1）外形：看条形是否完整、叶老或嫩，老叶较大，嫩叶较细；嗅干茶气味兼看干茶色泽和净度，优质的云南普洱散茶的干茶陈香显露（有的会含有菌子干香、中药香、干桂圆香、干霉香、樟香等），无异、杂味，色泽棕褐或褐红（猪肝色），具油润光泽，褐中泛红（俗称红熟），条索肥壮，断碎茶少。

（2）汤色：主要看汤色的深浅、是否明亮，优质的云南普洱散茶，泡出的茶汤红浓明亮，具"金圈"，汤上面看起来有油珠形的膜。

（3）气味：主要采取热嗅和冷嗅，热嗅看香气的纯异，冷嗅看香气的持久性；优质的热嗅陈香显著浓郁，且纯正，"气感"较强，冷嗅陈香悠长，是一种甘爽的味道。

（4）滋味：主要是从滑口感、回甘感和润喉感来感觉。优质黑茶的滋味浓醇、滑口、润喉、回甘，舌根生津。

（5）叶底：主要是看叶底色泽、叶质，看泡出来的叶底完不完整，是不是还维持柔软度。优质的色泽褐红、匀亮，花杂少，叶张完整，叶质柔软，不腐败，不硬化。

2. 劣质黑茶（普洱茶）的特征

（1）外形：嗅干茶气味稍有陈香或只有陈气，甚至带酸馊味或其他杂味，条索细紧不完整，看干茶，色泽黑褐、枯暗无光泽。

（2）汤色：茶汤红而不浓，欠明亮，往往还会有尘埃状物质悬浮其中，有的甚至发黑、发乌，俗称"酱油汤"。

（3）气味：有陈香，但夹杂酸、馊味、铁锈水味或其他杂味，也有的是"臭霉味"。

（4）滋味：滋味平淡，不滑口，不回甘，舌根两侧感觉不适，甚至产生"涩麻"感。

（5）叶底：色泽花杂、发乌欠亮，或叶质腐败，硬化。

❖ **考核标准** ❖

项目	外形	色泽	香气	汤色	滋味	叶底
分值	2	2	2	1	2	1

训练项目九：清饮杯泡法

▶ **训练目标**

熟悉玻璃杯泡茶艺程式和方法，能熟练进行玻璃杯泡茶艺的操作。玻璃杯泡茶艺适用于高档名优绿茶。

▶▶ **准备工作**

准备玻璃杯、随手泡、茶荷、茶则、杯托、茶垫、茶匙、茶巾、茶仓等。

▶▶ **操作要求**

注意行茶时的柔美和艺术感染力,注意与顾客的目光交流,保持行茶动作、语速的均匀,声音清晰;掌握茶叶的用量、泡茶用水的温度、茶叶浸泡的时间。

▶▶ **训练方法**

教师示范操作,学生模仿训练;教师巡视、指导、检查、示范,纠正个别错误,集体讲评一般错误。

模拟练习

（1）静心备器;
（2）温杯;
（3）盛茶;
（4）赏茶;
（5）置茶;
（6）冲水;
（7）介绍茶叶及用玻璃杯的冲泡方法;
（8）奉茶;
（9）静坐回味。

考核标准

项目	静心备器	温杯	赏茶	置茶	冲水	奉茶	静坐回味
分值	1	2	1	1	2	2	1

训练项目十：清饮壶泡法

▶▶ **训练目标**

熟悉瓷壶泡茶艺的程式和方法,能熟练进行瓷壶泡茶艺的操作。

▶▶ **准备工作**

瓷壶、随手泡、茶则、茶匙、杯托、茶盘、茶巾、茶仓等。

▶ **操作要求**

　　注意行茶时的柔美和艺术感染力，注意与顾客的目光交流，保持行茶动作、语速的均匀，声音清晰；掌握茶叶的用量、泡茶用水的温度、茶叶浸泡的时间。

▶ **训练方法**

　　教师示范操作，学生模仿训练；教师巡视、指导、检查、示范，纠正个别错误，集体讲评一般错误。

模拟练习

　　（1）温具；
　　（2）置茶；
　　（3）冲泡；
　　（4）分茶；
　　（5）奉茶；
　　（6）品茶；
　　（7）续水。

考核标准

项目	温具	置茶	冲泡	分茶	奉茶	品茶
分值	1	2	2	2	1	2

训练项目十一：祁门工夫红茶泡法

▶ **训练目标**

　　熟悉瓷壶泡茶艺的程式和方法，能熟练进行瓷壶泡茶艺的操作，掌握祁门工夫红茶泡法。

▶ **准备工作**

　　准备瓷质茶壶、茶杯（以青花瓷、白瓷茶具为好）、赏茶盘或茶荷、茶巾、茶匙、奉茶盘、随手泡等。

▶ **操作要求**

　　注意行茶时的柔美和艺术感染力，注意与顾客的目光交流，保持行茶动作、语速的均匀，声音清晰；掌握茶叶的用量、泡茶用水的温度、茶叶浸泡的时间。

▶ 训练方法

　　教师示范操作,学生模仿训练;教师巡视、指导、检查、示范,纠正个别错误,集体讲评一般错误。

模拟练习

　　(1)"宝光"初现:在赏茶盘中观赏祁红,祁门工夫红茶条索紧秀,色泽并非红色,而是乌黑润泽,被称为"宝光"。

　　(2)清泉初沸:热水壶中用来冲泡的泉水经加热,微沸,壶中上浮的水泡,仿佛"蟹眼"已生。

　　(3)温热壶盏:用初沸之水,注入瓷壶及杯中,为壶、杯升温。

　　(4)"王子"入宫:投茶入壶,祁红素有"王子茶"之称。

　　(5)悬壶高冲:冲泡红茶的水温要在100℃,水现在正是"蟹眼已过鱼眼生",正好用于冲泡。而高冲可以让茶叶在水的激荡下,充分浸润,以利于色、香、味的充分发挥。

　　(6)分杯敬客:用循环斟茶法,将壶中之茶均匀地分入每一杯中,使杯中之茶的色、味一致。

　　(7)喜闻幽香:祁红到手,先要闻香。祁门工夫红茶是世界公认的三大高香茶之一,其香浓郁,有"茶中英豪"、"群芳最"之誉,香气中蕴藏着兰花之香。

　　(8)观赏汤色:祁红的汤色红艳,杯沿有一道明显的"金圈"。茶汤的明亮度和颜色,表明红茶的发酵程度和茶汤的鲜爽度。再观叶底,嫩软红亮。

　　(9)品味鲜爽:祁红以鲜爽、浓醇为主,与红碎茶浓强的刺激性口感有所不同。滋味醇厚,回味绵长。

　　(10)再赏余韵:二泡同上。

　　(11)三品得趣:红茶通常可冲泡三次,三次的口感各不相同。

　　(12)收杯谢客。

◇ 考核标准 ◇

项目	赏茶	温具	置茶	冲泡	分茶	奉茶	闻香	观色	品茶
分值	1	1	1	2	1	1	1	1	1

训练项目十二:西湖龙井茶的主泡

▶ 训练目标

　　熟悉玻璃杯泡茶艺的程式和方法,能熟练进行玻璃杯泡茶艺的操作。玻璃杯泡茶艺适用于高档名优绿茶。

▶ **准备工作**

准备优质龙井茶、透明玻璃杯、水壶、清水罐、水勺、赏泉杯、赏茶盘、茶匙、干净的硬币等。

▶ **操作要求**

注意行茶时的柔美和艺术感染力，注意与顾客的目光交流，保持行茶动作、语速均匀，声音清晰；掌握茶叶的用量、泡茶用水的温度、茶叶浸泡的时间。

▶ **训练方法**

教师示范操作，学生模仿训练；教师不断巡视、指导、检查、示范，纠正个别错误，集体讲评一般错误。

‖ 模拟练习 ‖

（1）初识仙姿：龙井茶外形扁平光滑，享有色绿、香郁、味醇、形美"四绝"之盛誉。优质龙井茶，通常以清明前采制的为最好，称为明前茶；谷雨前采制的稍逊，称为雨前茶，而谷雨之后的就非上品了。明人田艺衡曾有"烹煎黄金芽，不取谷雨后"之语。

（2）再赏甘霖："龙井茶、虎跑水"是为杭州西湖双绝，冲泡龙井茶必用虎跑水，如此才能茶水交融，相得益彰。虎跑泉的泉水是从砂岩、石英砂中渗出，流量为 43.286 4 立方米/日。现在将硬币轻轻置于盛满虎跑泉水的赏泉杯中，硬币置于水上而不沉，水面高于杯口而不外溢，表明该水水分子密度高、表面张力大，碳酸钙含量低。请来宾品赏这甘霖清冽的佳泉。

（3）静心备具：冲泡高档绿茶要用透明无花的玻璃杯，以便更好地欣赏茶叶在水中上下翻飞、翩翩起舞的仙姿，观赏碧绿的汤色、细嫩的茸毫，领略清新的茶香。冲泡龙井茶更是如此。现在，将水注入将用的玻璃杯，一来清洁杯子；二来为杯子增温。茶是圣洁之物，泡茶人要有一颗圣洁之心。

（4）悉心置茶："茶滋于水，水藉于器。"茶与水的比例适宜，冲泡出来的茶才能不失茶性，充分展示茶的特色。一般来说，茶叶与水的比例为 1∶50，即 100 毫升容量的杯子放入 2g 茶叶。现将茶叶用茶则从茶仓中轻轻取出，每杯用茶 2～3 克左右。置茶要心态平静，茶叶勿掉落在杯外。敬茶惜茶，是茶人应有的修养。

（5）温润茶芽：采用"回旋斟水法"向杯中注水少许，以 1/4 杯为宜，温润的目的是浸润茶芽，使干茶吸水舒展，为将要进行的冲泡打好基础。

（6）悬壶高冲：温润的茶芽已经散发出一缕清香，这时高提水壶，让水直泻而下，接着利用手腕的力量，上下提拉注水，反复三次，让茶叶在水中翻动。这一冲泡手法，雅称"凤凰三点头"。"凤凰三点头"不仅为了泡茶本身的需要，为了显示冲泡者的姿态优美，更是中国传统礼仪的体现。"凤凰三点头"像是对客人鞠躬行礼，是对客人表示敬意，同时也表达了对茶的敬意。

（7）甘露敬宾：客来敬茶是中国的传统习俗，也是茶人所遵从的茶训。将自己精心泡制的清茶与新朋老友共赏,别是一番欢愉。让我们共同领略这大自然赐予的绿色精英。

（8）辨香识韵:评定一杯茶的优劣,必从色、形、香、味入手。龙井是茶中珍品,素有"色绿、香郁、味甘、形美"四绝佳茗之称。其色澄清碧绿,其形一旗一枪,交错相映,上下沉浮。通常采摘茶叶时,只采嫩芽称"莲心";一芽一叶,叶似旗、芽似枪,则称为"旗枪";一芽两叶,叶形卷曲,形似雀舌,故称"雀舌"。闻其香,则是香气清新醇厚,无浓烈之感,细品慢啜,体会齿颊留芳、甘泽润喉的感觉。

（9）再悟茶语:绿茶大多冲泡三次,以第二泡的色香味最佳。因此,当客人杯中的茶水见少时,要及时为客人添注热水。龙井茶初品时会感清淡,需细细体会,慢慢领悟。正如清代茶人陆次之所说:"龙井茶,真者甘香而不洌,啜之淡然,似乎无味,饮过后,觉有一种太和之气,弥沦于齿颊之间,此无味之味乃至味也。为益于人不浅故能疗疾,其贵如珍,不可多得也。"品赏龙井茶,像是观赏一件艺术品。透过玻璃杯,看着上下沉浮的茸毫,看着碧绿的清汤,看着娇嫩的茶芽,龙井茶仿佛是一曲春天的歌、一幅春天的画、一首春天的诗。让人置身在一派浓浓的春色里,生机盎然,心旷神怡。

（10）相约再见:鲁迅先生说过:"有好茶喝,会喝好茶,是一种清福。"今天我们在此共饮清茶也是一种缘分。"一杯春露暂留客,两腋清风几欲仙",愿有缘再次相聚。

❖❖ 考核标准 ❖❖

项目	备具	赏茶	烫杯	投茶	浸润	高冲	敬茶	赏姿	观色	品茗
分值	1	1	1	1	1	1	1	1	1	1

训练项目十三:乌龙茶的主泡

▶ 训练目标

熟悉紫砂壶泡茶艺的程式和方法,能熟练进行紫砂壶泡茶艺的操作。紫砂壶泡茶艺适用于高档名优乌龙茶。

▶ 准备工作

准备乌龙茶、紫砂壶、随手泡、茶海、茶漏、茶则、盖置、茶垫、茶匙、茶巾、茶仓等。

▶ 操作要求

注意行茶时的柔美和艺术感染力,注意与顾客的目光交流,保持行茶动作、语速的均匀,声音清晰;掌握茶叶的用量、泡茶用水的温度、茶叶浸泡的时间。

▶ 训练方法

教师示范操作,学生模仿训练;教师巡视、指导、检查、示范,纠正个别错误,集体讲评一般错误。

模拟练习

乌龙茶茶艺一般有武夷茶艺、安溪茶艺、闽南工夫茶、潮州工夫茶、台式乌龙茶五种。

1. 武夷茶艺

(1) 焚香静气。

(2) 叶嘉酬宾:叶嘉是宋代苏东坡用拟人笔法描写岩茶的代称,意思是茶叶嘉美。

(3) 活煮山泉:泡茶用山溪泉水为上,用活火煮到初沸为宜。

(4) 孟臣沐霖:即烫洗茶壶。孟臣是明代紫砂壶著名制作家,后人把名茶壶喻为"孟臣"。

(5) 乌龙入宫:把乌龙茶放入紫砂壶内。

(6) 悬壶高冲。

(7) 春风拂面:用壶盖轻轻刮去表面白泡沫,使茶叶清新洁净。

(8) 重洗仙颜:用开水浇淋茶壶,既洗净壶外表,又提高了壶温。

(9) 若琛出浴:即烫洗茶杯。若琛是清代初期人,以善制茶杯而出名,后人用"若琛"比喻名贵茶杯。

(10) 祥龙行雨:依次来回往各茶杯斟茶水。

(11) 凤凰点头:壶中茶水剩少许后,往各杯点斟茶水。

(12) 三龙护鼎:用拇指、食指扶杯,中指顶杯,此法既稳当又雅观。

(13) 鉴赏三色:认真观看茶水在杯中的上、中、下三种颜色。

(14) 喜闻幽香:嗅闻岩茶的香味。

(15) 初品奇茗:观色、闻香后,开始品茶。

(16) 尽杯谢茶:站起身喝尽杯中的茶水,感谢大自然和茶农奉献的岩韵嘉茗。

2. 安溪茶艺

(1) 神入茶境:茶者在沏茶前以清水净手,端正仪容,以平静、愉悦的心情进入茶境,备好茶具,聆听中国传统音乐,以古筝、箫来帮助自己心灵的安静。

(2) 展示茶具:安溪茶具有民间传统茶具:茶匙、茶斗、茶夹、茶通,炉、壶、瓯杯以及托盘,号称"茶房四宝"。

(3) 烹煮泉水:冲泡安溪铁观音,烹煮的水温需达到 100℃,这样最能体现铁观音独特的香韵。

(4) 淋霖瓯杯:也称"热壶烫杯",先洗盖瓯,再洗茶杯。

(5) 观音入宫:把名茶铁观音装入瓯杯。

(6) 悬壶高冲:提起水壶,对准瓯杯,先低后高冲入,使茶叶随着水流旋转而充分舒展。

(7) 春风拂面:左手提起瓯盖,轻轻地在瓯面上绕一圈把浮在瓯面上的泡沫刮起,然后右手提起水壶把瓯盖冲净。

(8) 瓯里酝香:铁观音茶叶下瓯冲泡,须等待 1～2min 才能充分地释放出独特的香韵。

(9) 三龙护鼎:斟茶时,用右手的拇指、中指夹住瓯杯的边沿,食指按在瓯盖的顶端,提起盖瓯,把茶水倒出,三个手指称为三条龙,盖瓯称为鼎,称"三龙护鼎"。

(10)行云流水:提起盖瓯,沿托盘上边绕一圈,把瓯底的水刮掉,防止瓯外的水滴入杯中。

(11)观音出海:俗称"关公巡城",就是把茶水依次巡回均匀地斟入各茶杯里,斟茶时应低行。

(12)点水流香:俗称"韩信点兵",就是斟茶斟到最后瓯底最浓部分,要均匀地一点一点滴到各茶杯里,达到浓淡均匀、香醇一致。

(13)敬奉香茗:茶艺小姐双手端起茶盘彬彬有礼地向各位嘉宾、茶友敬奉香茗。

(14)鉴赏汤色:品饮铁观音,先要观其色,就是观赏茶汤的颜色。

(15)细闻幽香:闻闻铁观音的香气,具有天然馥郁的兰花香、桂花香,清气四溢,心旷神怡。

(16)品啜甘霖:品其味,品啜铁观音的韵味,有万般特殊的感受。

3.闽南工夫茶

(1)白鹤沐浴(洗杯):用开水洗净茶具并提高茶具温度。

(2)乌龙入宫(落茶):放茶量大约按茶/水1:20的比例。

(3)悬壶高冲(冲茶):当开水初沸(100℃)提起开水壶冲入茶具使茶叶转动、露香。

(4)春风拂面(刮沫):用瓯盖轻轻刮去漂浮的泡沫,使茶具清新洁净。

(5)关公巡城(倒茶):泡一两分钟后把茶水依次巡回注入各茶杯。

(6)韩信点兵(点茶):茶水倒到瓯底最浓部分,要一点一点滴到各杯里,达到浓淡一致。

(7)赏色嗅香(嗅香):拿起瓯盖嗅一嗅天然的茶香。

(8)品啜甘霖(品茶):先嗅其香,后尝其味,边啜边嗅,浅杯细饮。

4.潮州工夫茶

(1)鉴赏香茗:主泡师用茶则从茶仓中取出一壶量的茶叶,置于赏茶盘中,助泡接过赏茶盘,让客人鉴赏干茶,并介绍所用茶的特点。

(2)孟臣淋霖:用沸水浇壶身,其目的在于为壶体加温,即所谓"温壶"。

(3)乌龙入宫:将茶叶用茶匙拨入茶壶,装茶的顺序应是先细再粗后茶梗。

(4)悬壶高冲:向孟臣壶中注水,水满壶口为止。

(5)春风拂面(刮顶淋眉):用壶盖刮去壶口的泡沫,盖上壶盖,冲去壶上的泡沫。淋壶可冲淋壶盖和壶身,但不可冲到气孔上,否则水易冲入壶中。淋壶的目的一为清洗;二为使壶内外皆热,以利于茶香的发挥。

(6)熏洗仙颜:迅速倒出壶中之水,是为洗茶,目的是洗去茶叶表面的浮尘。

(7)若琛出浴:用第一泡茶水烫杯,又谓"温杯",转动杯身,如同飞轮旋转,又似飞花欢舞。

(8)玉液回壶:用高冲法再次向壶内注满沸水。

(9)游山玩水:也称运壶,执壶沿茶船运转一圈,滴净壶底的水滴,以免水滴落入杯中,影响茶的圣洁。

(10)关公巡城:循环斟茶,茶壶似巡城的关羽,目的是为使杯中茶汤浓淡一致;低斟是为不使香气过多散失。

（11）韩信点兵：巡城至茶汤将尽时，将壶中所余斟于每一杯中，这些是全壶茶汤中的精华，应一点一滴平均分注，因而戏称韩信点兵。

（12）敬奉香茗：先敬主宾，或以长幼为序。

（13）品香审韵：先闻香，后品茗。品茗时，以拇指与食指扶住杯沿，以中指抵住杯底，俗称三龙护鼎。品饮要分三口进行，"三口方知味，三番才动心"，茶汤的鲜醇甘爽，令人回味无穷。

（14）高冲低筛：冲泡第二泡茶，重复第（8）步动作。

（15）若琛复浴：手法同"若琛出浴"。

（16）重酌妙香：重复第（9）、第（10）、第（11）步动作。

（17）再识醇韵：重复第（13）步动作。

（18）三斟流霞：冲泡第三泡茶。铁观音等乌龙茶，内质好，香气浓郁持久，有"七泡有余香"之美称。

（19）完成整套潮州工夫茶的冲泡程序。

5. 台式乌龙茶

（1）摆具：将茶具一一摆好，茶壶与茶盅并排置于茶盘之上，闻香杯与品茗杯一一对应，并列而立。电茶壶置于右手边。

（2）赏茶：用茶匙将茶叶轻轻拨入茶荷内，供来宾欣赏。

（3）温壶：温壶不仅要温茶壶，还要温茶盅。用右手拿起电茶壶，注满茶壶，然后再注入茶盅。

（4）温杯：将茶盅内的热水分别注入闻香杯中，用茶夹夹住闻香杯，旋转 360°后，将闻香杯中的热水倒入品茗杯。同样用茶夹夹住品茗杯，旋转 360°后，杯中水倒入涤方或茶盘。

（5）投茶：将茶荷的圆口对准壶口，用茶匙轻拨茶叶入壶。投茶量为 1/2～2/3 壶。

（6）洗茶：右手执电茶壶，将 100℃的沸水高冲入壶。盖上壶盖，淋去浮沫。立即将茶汤注入茶盅，分于各闻香杯中。洗茶之水可以用于闻香。

（7）高冲：执电茶壶高冲沸水入壶，使茶叶在壶中尽量翻腾。第一泡时间为 1 分钟，1 分钟后，将茶汤注入茶盅，分到各闻香杯中。

（8）奉茶：闻香杯与品茗杯同置于杯托内，双手端起杯托，送至来宾面前，请客人品尝。

（9）闻香：先闻杯中茶汤之香，然后将茶汤置于品茗杯内，闻杯中的余香。

（10）品茗：闻香之后可以观色品茗。品茗时分三口进行，从舌尖到舌面再到舌根，不同位置香味也各有细微的差异，需细细品，才能有所体会。

（11）再次冲泡：第二次冲泡的手法与第一次同，只是时间要比第一泡增加 15 秒，以此类推，每冲泡一次，冲泡的时间也要相对增加。优质乌龙茶内质好，如果冲泡手法得当，可以冲泡几十次，每次的色、香、味甚至能基本相同。

（12）奉茶：自第二次冲泡起，可直接将茶分至每位客人面前的闻香杯中，然后重复闻香、观色、品茗、冲泡的过程。

◈ 考核标准 ◈

项目	备具	赏茶	温壶烫杯	投茶	洗茶	高冲	敬茶	闻香	观色	品茗
分值	1	1	1	1	1	1	1	1	1	1

训练项目十四：普洱茶的主泡

▶ 训练目标

熟悉普洱茶茶艺的程式和方法,能熟练进行普洱茶茶艺的操作。

▶ 准备工作

准备普洱茶、陶壶或紫砂壶(腹大)、随手泡、茶海、茶漏、茶则、盖置、茶垫、茶匙、茶巾、茶仓等。

▶ 操作要求

注意行茶的操作步骤、茶叶的用量、泡茶用水的温度、茶叶浸泡的时间。

▶ 训练方法

教师示范操作,学生模仿训练;教师巡视、指导、检查、示范,纠正个别错误,集体讲评一般错误。

▌模拟练习▐

普洱茶的沏泡有三种方法。

1. 普洱茶的冲泡法

(1)备水、备具、赏茶:备好清洁的冷水,准备好烧开水的器具,准备好茶具及普洱茶。用来招待客人的茶,冲泡者对其品质和贮藏情况要有所了解,将预备冲泡的普洱茶装入茶碟或小茶样盘中,送到客人面前鉴赏,俗称干看,包括观赏干茶的外形、干茶的色泽、闻干茶的香气。

(2)温壶涤具:在紫砂壶中置入烧开的清水,荡壶,倒入公道杯,再由公道杯分别倒入品茗杯中,温洗品茗杯。

(3)投茶:将普洱茶小心置入壶中,置茶用茶匙从茶叶罐中取出茶叶投置入壶中。置茶量则根据所品的茶品而定。

(4)润茶:沸水置入壶中,水位为刚浸过茶叶,快速倒去以唤醒茶叶,重复一次。

(5)冲茶浸润:高冲。开水冲入壶后,会浮现一层泡沫,故以壶盖轻巧地推刮,使泡沫粘到壶盖,再以开水淋去,以保持壶内茶汤温度,加速出汤速度,也称为壶外添香。

(6)分茶:壶中的茶水通过滤网后入公道杯,再均匀地低斟分入品茗杯中。

（7）敬茶：又称奉茶敬客，即将品茗杯放在茶托中，双手持杯托，举齐眉，奉给宾客。

（8）品饮：接茶后，趁热品尝，品饮时先观汤色，重在闻香，然后再啜味。茶汤入口不咽下喉，边吸气边在舌尖打转，反复品赏，徐徐咽下，领略甘美的回味。品饮普洱茶，重在寻香探色。

2. 普洱茶的闷泡法

每次倒出茶汤时都留根（也叫汤底），或出六留四，或出五留五。

3. 普洱茶的煮茶法

煮茶的工具多陶炉或以酒精加温烧煮，加上一把紫砂制的茶海即可。

◈ 考核标准 ◈

项目	备具	温壶涤具	投茶	润茶	冲茶浸润	分茶
分值	1	2	2	1	2	2

训练项目十五：茉莉花茶的主泡

▶ 训练目标

熟悉盖碗泡茶艺的程式和方法，能熟练进行花茶茶艺的操作。

▶ 准备工作

准备茉莉花茶、盖碗、随手泡、茶荷、茶则、茶匙、茶巾、茶仓等。

▶ 操作要求

注意行茶的操作步骤、茶叶的用量、泡茶用水的温度、茶叶浸泡的时间。

▶ 训练方法

教师示范操作，学生模仿训练；教师巡视、指导、检查、示范，纠正个别错误，集体讲评一般错误。

模拟练习

备具→烫盏→置茶→冲泡→闻香→品饮→静坐回味。

（1）备具候用：将所用的茶具准备就绪，按整洁适宜操作的顺序摆放好。

（2）恭请上坐：请客人依次入座。

（3）焚香静气：焚点檀香，营造肃穆祥和气氛。

（4）活煮甘泉：用活火将泉水煮到初沸。

（5）鉴赏佳茗：看干茶外形及干闻花茶的香气。

（6）孔雀开屏：介绍冲泡的茶具。冲泡花茶一般选用三才杯,杯盖代表天,杯托代表地,中间的茶杯代表人,天、地、人三者合一,方能孕育出好茶。

（7）经轮三转：将沸水注入盖碗进行温杯洁具,提高杯温。

（8）佳人入宫：将茶拨入盖杯中。

（9）邀茶逼香：加入少量的沸水浸润茶叶,即浸润泡。

（10）喜闻幽香：内旋摇动盖杯,使茶芽浸润,茶味调和,香气挥发。茶人们认为茶是"天涵之、地载之、人育之"的灵物,这个过程象征着"天、地、人"三才合一,共同化育出茶的精华。

（11）悬壶高冲：采用在高处定点手法注水入碗中至七分满,借助水的冲力使茶汤均匀。

◈ 考核标准 ◈

项目	备具	烫盏	置茶	冲泡	闻香	品饮	静坐回味
分值	1	2	1	1	2	2	1

训练项目十六：调饮法

▶ 训练目标

了解调饮茶艺的程式和方法,能进行调饮茶艺的操作。

▶ 准备工作

准备茶叶(红碎茶、黑茶)、茶壶或咖啡茶具、玻璃杯、奶或糖、柠檬汁、蜂蜜、香槟酒等。

▶ 操作程序

将茶叶入壶→冲水→滤出茶渣→添加配料。

▶ 训练方法

教师示范操作,学生模仿训练,可以创新;教师巡视、指导、检查、示范,纠正个别错误,集体讲评一般错误。

▌▌ 模拟练习 ▌▌

（1）在红茶茶汤中加入糖、牛奶、柠檬片、咖啡、蜂蜜或香槟酒等。

（2）在茶汤中同时加入糖和柠檬,或加入蜂蜜和酒同饮,或置于冰箱中制作成不同滋味的清凉饮料。

（3）茶酒：在茶汤中加入各种美酒，形成茶酒饮料。

（4）台式泡沫红茶：制法是红茶经冲泡后将茶汤倒入调酒器中，加上蜂蜜等配料，摇匀，再倒入透明玻璃杯中品饮。

◆◆ **考核标准** ◆◆

项目	温具	置茶	冲泡	出茶	添加配料	奉茶	品茶
分值	1	1	2	2	1	1	2

第 7 篇

插花基本功

训练项目一：选材

训练项目二：花材的整理与加工

训练项目三：盆插

训练项目四：瓶插

训练项目五：水平形花型的插制

训练项目六：三角形花型的插制

训练项目七："L"形花型的插制

训练项目八：半球形花型的插制

训练项目九："S"形花型的插制

训练项目十：扇形花型的插制

训练项目一：选材

▶ 训练目标

通过实训,能正确区分常用的不同花材;掌握散状花材、线状花材、异状花材、团状花材的形态特点及其在插花中的作用。

▶ 准备工作

准备各种花材:蛇鞭菊、银芽柳、百合花、红掌、天堂鸟、康乃馨、非洲菊、玫瑰、牡丹、小菊、满天星、小苍兰等。

▶ 操作要求

根据花材形态的特点,辨识不同的花材。

(1) 蛇鞭菊、唐菖蒲、银柳等,整个花材呈长条状或线状,属线状花。

(2) 百合、红掌、鹤望兰、牡丹等,花朵较大,有其特有的形态,是看上去很有个性的花材,为异状花。

(3) 康乃馨、非洲菊、玫瑰等,花朵集中,成较大的圆形或块状,为团状花。

(4) 小菊、小丁香、满天星、小苍兰、白孔雀等,分枝较多且花朵较为细小,一枝或一枝的茎上有许多小花,为散状花。

▶ 训练方法

教师讲解不同花材的形态特点及训练要求,然后将4～5名学生分为一组,对实际花材进行辨识;相互提问不同花材在插花中的作用;教师检查、指导、示范。

模拟练习

将蛇鞭菊、银芽柳、百合花、红掌、天堂鸟、康乃馨、非洲菊、玫瑰、小菊、满天星、小苍兰等花材分配给各训练小组,根据每种花材的特点进行辨识;得出结论。

(1) 蛇鞭菊、银芽柳是线状花材。

(2) 百合花、红掌、天堂鸟是异状花材。

(3) 康乃馨、非洲菊、玫瑰是团状花材。

(4) 小菊、满天星、小苍兰是散状花材。

学生互相提问,明确各种花材在插花中所起的作用。

(1) 线状花材,利用直线形或曲线形等植物的自然形态,构成造型的轮廓,也就是骨架。

(2) 异状花材,经常用在视觉焦点上。

(3) 团状花材,一般用在线状花和定型花之间,是完成造型的重要花材。

(4) 散状花材,可以填补造型的空间,也可以在花与花之间起连接的作用。

❖ 考核标准 ❖

项目	辨识正确	言语礼貌	语气柔和	语速适中	姿态大方	表情自然
分值	1	2	2	1	2	2

训练项目二：花材的整理与加工

▶ 训练目标

通过实训,掌握花枝变弯的方法;掌握各种花材的剪切方法;掌握各种花材的分割方法。

▶ 准备工作

准备好各种花材:康乃馨、菊花、银柳、铁树叶、鹤望兰、玫瑰、散尾葵、洋菊梗、高山羊齿、巴西木叶、非洲菊等。

准备好各种工具:铁丝、剪刀、胶带等。

▶ 操作要求

能够对一般花材进行处理。

1. 剪切

剪切时,如果要表现出很长时,应使茎的线条与花的附着方式呈现一条美丽线条,避免剪成不自然的形状;大花可以剪短。

2. 花枝固定

(1) 瓶口插架固定法

在大口花瓶中表现倾斜度较大的花枝时,可以采用十字形固定架,让花枝靠在插架十字交叉的夹角处。

(2) 切口固定法

为了便于固定,在切口处纵向切上几刀,形成若干个小豁口,让花能顺利地插入花瓶。

(3) 斜面切口固定法

一般的木本花卉和较硬的草本花,都采用斜面切口的办法固定。

(4) 花泥固定法

将花泥按需要的大小切好,让其吸足水分,将花枝按自己的设计插入花泥。

3. 叶子的处理

(1) 卷叶法

取一张叶片摊平,用一根细棍将叶片由叶尖处向叶梗卷去,抽出细棍,反复用手搓揉,直到放开手,叶片仍具有一定的卷曲为止。

(2) 修叶法

改变叶片原来的形体,使其更符合插花艺术的需要。

（3）叶片拉丝法

具有平行叶脉的植物叶，如巴西木等，对其作纵向撕裂，会产生纵向裂痕。若不完全撕透，按叶脉多拉几条丝，可使叶片显得别具风格。

▶ **训练方法**

教师讲明训练要求，然后将 4～5 名学生分为一组，进行花材的整理与加工；教师检查、指导、示范，纠正个别错误，集体讲评一般错误。

▌ 模拟练习 ▌

（1）对各种花材如康乃馨、菊花、鹤望兰、玫瑰、散尾葵、洋菊梗进行剪切。
（2）对玫瑰、银柳、非洲菊进行固定。
（3）对铁树叶、巴西木叶、散尾葵进行叶子处理。
（4）对散尾葵进行处理。
（5）叶片拉丝。

❖ 考核标准 ❖

项目	处理得当	剪切正确	固定位置合适	卷叶方法得当	姿态大方	表情自然
分值	2	2	2	2	1	1

训练项目三：盆插

▶ **训练目标**

通过实训，熟悉其用途；掌握盆插的基本花型如直立型、下垂型、倾斜型、直上型、对称型的插法。

▶ **准备工作**

（1）准备好容器、花盆。
（2）准备好各种花材：马蹄莲、菊花、石斛兰、麦冬、康乃馨、玫瑰、石松、洋菊梗等。

▶ **操作要求**

（1）直立型第一主枝直立在水盆花器左后角，第二主枝插在第一主枝左前方，向前倾斜 60°；第三主枝插在第一主枝右前方向前倾斜 45°。要点是主枝必须直立，第二、第三主枝则略带倾斜。

（2）倾斜型第一主枝以 70°倾斜插在水盆花器左前方，第二主枝直插在水盆花器右后角，第三主枝倾斜。它的要点是直立型的主副位置互相调换，而主枝倾斜角度更大。

（3）下垂型第一主枝以 70°下垂插在水盆花器左前方。第二主枝位置在水盆花器右后角；第三主枝要直立。它的要点为三枝位置成倾斜型，第一主枝下垂，第三主枝直立。

（4）直上型第一主枝直插在水盆花器中央，第二主枝直插在第一主枝之左前，第三枝直插在第一主枝的右前方。它的要点是三枝主枝均插在中央，直上而不倾斜。

（5）对称型第一主枝插在水盆花器中央，向左前方倾斜，第二主枝插在第一主枝前向右倾斜，第三主枝插在第一主枝前方居中直立。要点是第一、第二两枝方向不同，而花朵与植物的高低近似于对称。

（6）其他花枝插在第一、第二、第三主枝构成的框架内。

▶ **训练方法**

教师讲明训练要求，然后将 4～5 名学生分为一组，进行盆插练习；教师检查、指导、示范，纠正个别错误，集体讲评一般错误。

▌ **模拟练习** ▌

以小组为单位，各插一款中餐餐桌上用的盆插花。

❀ **考核标准** ❀

项目	适合摆放要求	操作正确	花材位置合适	造型美观	姿态大方	表情自然
分值	2	2	2	2	1	1

训练项目四：瓶插

▶ **训练目标**

通过实训，熟悉其用途；掌握瓶插的基本花型：直立型、下垂型、倾斜型、直上型、对称型的插法。

▶ **准备工作**

准备好容器花瓶；准备好各种花材：百合花、菊花、康乃馨、玫瑰、唐菖蒲、马蹄莲、麦冬等。

▶ **操作要求**

（1）倾斜型第一主枝插在瓶左边，向左倾斜，第二主枝插在第一主枝前，第三主枝插在第一主枝前。要点是不论其他花枝直立或倾斜，第一主枝一定要有倾斜度。

（2）直立型第一主枝直插在左中央，第二主枝插在第一主枝后面而向左倾斜，第三主枝插在第一主枝前。要点是第一主枝须直立，第二、第三主枝略带倾斜。

（3）下垂型第一主枝插在瓶左边，花枝从花器伸出垂下，第二主枝插在第一主枝前，也是由上垂下。注意：第一主枝不是倾斜而是从花器伸出尽量向下垂。

（4）直上型第一主枝在瓶中直立，第二主枝在第一主枝的前面，第三主枝与第二主枝略前。三支主枝皆是直上形式。

（5）对称型第一主枝由中央向左倾斜，第二主枝由中央向右倾斜，第三主枝在中央直立。要点是：主副两枝，虽倾斜，但方向不同，插出的花卉高低对称。

（6）其他花枝插在第一、第二、第三主枝构成的框架内。

▶ 训练方法

教师讲明训练要求，然后将4～5名学生分为一组，进行瓶插练习；教师检查、指导、示范，纠正个别错误，集体讲评一般错误。

模拟练习

以小组为单位，用备好的花材各插一款客房浴室用瓶插花，要有新意。

◈ 考核标准 ◈

项目	适合摆放要求	操作正确	花材位置合适	造型美观	姿态大方	表情自然
分值	2	2	2	2	1	1

训练项目五：水平形花型的插制

▶ 训练目标

通过实训，熟悉其用途；掌握水平形花型的插制方法。

▶ 准备工作

准备好花材：散尾葵、康乃馨、玫瑰、鱼尾叶、洋兰等；准备好花泥、花插。

▶ 操作要求

（1）水平花长度是花器的高度和宽度和的2倍，水平插入花泥两侧。

（2）前后花是两侧花的1/2，插在花泥的前后。

（3）花泥表面的花枝和前后花的长短一致。花枝插入花泥表面，中央插入一到两枝大而艳丽的花朵。

（4）其他花材与周围各点连接在曲线上，分层插入（如图7-1所示）。

▶ 训练方法

教师讲明训练要求，然后将4～5名学生分为一组，进行三角形花型的插制练习；教师

图 7-1　水平形花型

检查、指导、示范,纠正个别错误,集体讲评一般性错误。

模拟练习

　　以小组为单位,用备好的花材各插一款前台用插花。

考核标准

项目	适合摆放要求	操作正确	花材位置合适	造型美观	姿态大方	表情自然
分值	2	2	2	2	1	1

训练项目六：三角形花型的插制

▶ 训练目标

　　通过实训,熟悉其用途;掌握三角形花型的插制方法。

▶ 准备工作

　　准备好花泥、花器;准备好鲜花:唐菖蒲、玫瑰、洋菊梗、非洲菊、鱼尾叶等。

▶ 操作要求

　　(1)第一主枝花的长度是花器高度和宽度和的 2 倍,垂直插在花泥的中央。

　　(2)第二主枝花的长度是第一主枝花长度的 1/2,插在花泥的两侧的一边。

　　(3)第三主枝花插在另一侧。

　　(4)第四主枝花是第一主枝花的 1/3,插在花器正面的中央,与第一主枝花成 90°角;第二主枝花与第一、第四主枝花成一直线,在一到五主枝花构成的外廓骨架完成后,其他花材插在线内的整个空间。

　　三角形花型如图 7-2 所示。

图 7-2 三角形花型

▶▶ 训练方法

教师讲明训练要求,然后将 4～5 名学生分为一组,进行三角形花型的插制练习;教师检查、指导、示范,纠正个别错误,集体讲评一般错误。

‖ 模拟练习 ‖

以小组为单位,用备好的花材各为前厅插一款大型插花。

❖ 考核标准 ❖

项目	适合摆放要求	操作正确	突出三角形状	造型美观	姿态大方	表情自然
分值	2	2	2	2	1	1

训练项目七："L"形花型的插制

▶▶ 训练目标

通过实训,掌握"L"形花型的插制方法;能够根据摆放的地方设计出花型,并能够选用相应的花材;能够根据现场情形选用花材。

▶▶ 准备工作

准备好花泥、花器;准备好鲜花:石斛兰、菊花、石松、麦冬、非洲菊等。

▶▶ 操作要求

(1) 第一主枝花长度是花器高度和宽度和的 2 倍,垂直插入花泥的中央偏左,略靠后。

（2）第二主枝花的长度是第一主枝花的 1/2 长，沿花器边插入花泥的右侧面，花枝向下。

（3）第三主枝花为第一主枝花的 1/4 长，插在花泥的左侧面。

（4）第四主枝花是与第三主枝花等长，插在第一主枝花的右侧，与第一主枝花成 30°角。

（5）第五主枝花与第四主枝花等长，插在花泥正面的中央。第六主枝花是焦点花，插在约为第一主枝花的 1/4 长处，与第一主枝花成 45°角的右侧。

（6）其余的花材插在第一主枝至第五主枝花所构成的框架内，分层插入。

"L"形花型如图 7-3 所示。

图 7-3　"L"形花型

▶▶ **训练方法**

教师讲明训练要求，然后将 4～5 名学生分为一组，进行"L"形花型的插制练习；教师检查、指导、示范，纠正个别错误，集体讲评一般错误。

模拟练习

以小组为单位，用备好的花材各插一款"L"形花型的客房用花。

◇ **考核标准** ◇

项目	适合摆放要求	操作正确	突出 L 形状	造型美观	姿态大方	表情自然
分值	2	2	2	2	1	1

训练项目八：半球形花型的插制

▶▶ **训练目标**

通过实训，掌握半球形花形的插制；能灵活为中餐餐台插制所需花型。

▶▶ **准备工作**

准备好花泥、插花器皿。准备好各种花材：玫瑰、康乃馨、鱼尾叶、百合花、散尾葵、满天星等。

▶▶ **操作要求**

（1）第一主枝花长度与花器宽度相同，插入花泥的正中央。

（2）第二主枝花与第三主枝花长度相同,分别插在花泥两侧与第一主枝花成90°角的位置。

（3）第四、第五主枝花插在花泥的前后与第一、二、三主枝花成90°角的位置。（长度与第一主枝花相等）

（4）其他花插在第一、二、三、四、五主枝花构成的骨架内,使其成为半球形(如图7-4所示)。

图 7-4 半球形花型

▶▶ 训练方法

　教师讲明训练要求,然后将4～5名学生分为一组,进行半球形花型的插制练习;教师检查、指导、示范,纠正个别错误,集体讲评一般错误。

▎▎ 模拟练习 ▎▎

　以小组为单位,用备好的花材各插一款半球形的用于婚宴的花。

❖ 考核标准 ❖

项目	适合摆放要求	花材选用恰当	操作正确	突出半球形状	造型美观	姿态大方	表情自然
分值	2	1	2	1	2	1	1

训练项目九:"S"形花型的插制

▶▶ 训练目标

　通过实训,掌握"S"形花型的插制方法,并能根据客房摆放位置插制"S"形花型。

▶ **准备工作**

准备好花泥、花器；准备好鲜花：菊花、洋兰、唐菖蒲、情人草、石松等。

▶ **操作要求**

（1）选择较高的花器，容易弯曲的花材。

（2）第一主枝花长度是花器高度的 2 倍，插在花泥的右侧 1/3 处（偏后）。

（3）第二主枝花是第一主枝花长度的 1/2，插在花泥的右侧 1/3 处（偏后），向下弯曲。

（4）第三主枝花是第一主枝花的 1/5 长，插在花泥的中线偏前方。

（5）其余花材插在第一、第二、第三主枝花构成的骨架内，分层次插入，并形成"S"形（如图7-5所示）。

图 7-5　"S"形花型

▶ **训练方法**

教师讲明训练要求，然后将 4～5 名学生分为一组，进行"S"形花型的插制练习；教师检查、指导、示范，纠正个别错误，集体讲评一般错误。

■▌ 模拟练习 ▌■

以小组为单位，用备好的花材各为客房插一款"S"形的花。

◈ 考核标准 ◈

项目	适合摆放要求	花材选用恰当	操作正确	突出"S"形状	造型美观	姿态大方	表情自然
分值	2	1	2	1	2	1	1

训练项目十：扇形花型的插制

▶ 训练目标

通过实训，掌握扇形花型的插制方法，并能根据饭店的需求插制花型。

▶ 准备工作

准备好花泥、花器；准备好花材：散尾葵、康乃馨、鱼尾叶、非洲菊、洋桔梗、剑兰等。

▶ 操作要求

（1）第一主枝花长度是花器高加宽和的2倍，垂直插在花泥的中央（偏后）。

（2）第二、第三主枝花长度相等，是第一主枝花的3/4，分别插在花泥的两侧与第一主枝花成90°角。

（3）第四主枝花的长度为第一主枝花的1/4长，插在花泥的正前方的中央，与第一主枝花成90°角。

（4）第五主枝花选用大而鲜艳的花材，与第一、第四主枝花成一条曲线，以45°角插在花泥前方。

（5）其他花材插在五枝主枝花搭构的骨架内，分层次插成扇形（如图7-6所示）。

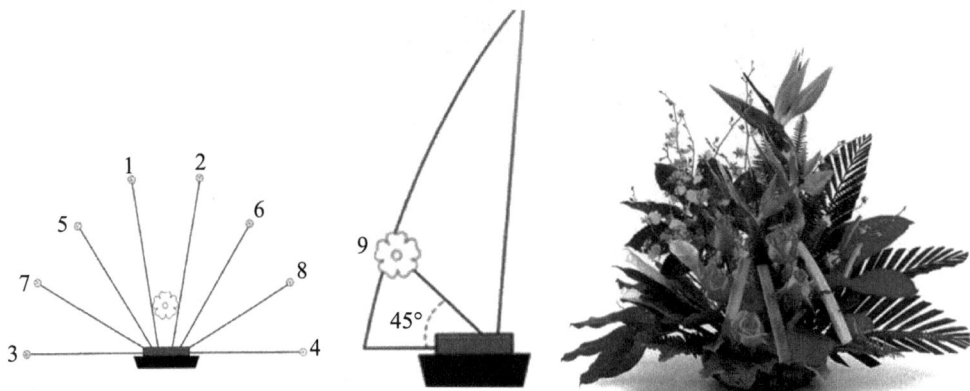

图7-6　扇形花型

▶ **训练方法**

　　教师讲明训练要求,然后将 4～5 名学生分为一组,进行扇形花型的插制练习;教师检查、指导、示范;纠正个别错误,集体讲评一般错误。

‖ **模拟练习** ‖

　　以小组为单位,用备好的花材各为前厅插一款扇形花型。

◇ **考核标准** ◇

项目	适合摆放要求	花材选用恰当	操作正确	突出扇形形状	造型美观	姿态大方	表情自然
分值	2	1	2	1	2	1	1

第 8 篇

英语口语基本功

Part One：Room Reservation

Part Two：Check-in

Part Three：Check-out

Part Four：Receiving guest

Part Five：Making up the room

Part Six：Turn-down service

Part Seven：Laundry service

Part Eight：Morning call service

Part Nine：Seating guests

Part Ten：Serving Chinese food

Part Eleven：Paying the bill and saying good-bye to the guests

Part One：Room Reservation

▶▶【Objectives】训练目标

How to receive and confirm reservations in English.

▶▶【Preparation】准备工作

(1) To get all the things ready，such as forms，computers，etc.

(2) To grasp all the words and sentences.

(3) To get the four elements about the reservations.

▶▶【Training procedure】操作程序

Greeting part→making clear about the room types →checking if there is a room available→making clear about the duration→making clear about the name of the person and the telephone number→making clear about the payment → making clear about the special requirement→confirming about the reservation→saying good-bye to the guest.

▶▶【Training method】训练方法

Situational dialogue and role play.

▶▶【Functional sentences】功能句

Greeting part：Good morning/afternoon/evening！How may I help you？ /What can I do for you？

Making clear about the room types：What kind/type of room would you like/do you prefer？

Checking if there is a room available：Wait a moment. Let me check whether there is a free room.

Making clear about the duration：How long will you stay here？

Making clear about the name of the person and the telephone number：May I know your surname and initial，please？

Making clear about the special requirement：Anything else？

Saying goodbye to the guest. ；Thank you for your reservation. We are looking forward to seeing you soon. / We expect to see you soon.

【Sample】情景模拟

Staff：Good morning. Reservations，Li Li is speaking. What can I do for you？

Guest：Good morning. I'd like to reserve a room for next Friday，the 18th.

Staff：Yes. For how many nights，please?

Guest：Three nights.

Staff：And what type of room do you prefer?

Guest：A twin-bed bedroom，please.

Staff：I can do a standard twin bedroom for RMB 800yuan per night，or a deluxe at the special rate of 1,000 per night.

Guest：I'll take the deluxe twin，please.

Staff：May I have your name，please?

Guest：Yes，my name is Mr. C. White.

Staff：Could you spell your name，please?

Guest：Yes，it's W-H-I-T-E，and the initial is C for Curtis.

Staff：How are you arriving?

Guest：By air.

Staff：May I know the flight number and arrival time?

Guest：Yes，Flight 737 arrives the airport at 14：30 p. m. Beijing time.

Staff：Let me confirm the details with you，Mr. White. One deluxe twin，check-in date Friday，the 18th，check-out date the 20th，in the name of Curtis White. The room rate will be RMB 1,000 per night. Am I correct?

Guest：Yes，exactly. Thank you. Good-bye.

Staff：Thank you for your reservation，Mr. White. Good-bye.

【Test】考核标准

项目	Content	Intonation	Pronunciation	Stress	Manners	Smile
分值	1	2	2	1	2	2

Part Two：Check-in

【Objectives】训练目标

How to receive guests at the front office in English.

【Preparation】准备工作

(1) To get all the things ready，such as key card，forms，computers，etc.

(2) To grasp all the words and sentences.

(3) To get the procedure about check-in.

▶▶【Training procedure】操作程序

Greeting part→making clear about the reservation→checking the reservation→helping the guests fill the form→showing the guests into the room.

▶▶【Training method】训练方法

Situational dialogue and role play.

▶▶【Functional sentences】功能句

Greeting part：Good morning/afternoon/evening! How may I help you? /What can I do for you?

Making clear about the reservation：Do you have a reservation? / Have you got a reservation?

Have you booked a room?

Checking the reservation：Wait a moment. Let me check.

Helping the guests fill the form：Please fill out this registration form.

Showing the guests into the room：The bellman will show you to your room.

【Sample】情景模拟

Staff：Good morning, sir. What can I do for you?

Guest：Good morning. I'd like to check in, please.

Staff：Do you have a reservation?

Guest：Yes, my name is Jack. I made a reservation ten days ago.

Staff：Just a minute, please...Yes, you have reserved a single non-smoking room for five nights. The room rate is RMB 650 per night, including 15% service. Is that right?

Guest：Yes. That's right.

Staff：Thank you. Now could you please fill out this registration form?

Guest：Yes, I will take care of it...Is that OK?

Staff：Yes, Please sign your name here. May I have a look at your passport?

Guest：Here you are.

Staff：Fine. Your room number is 709. Here is the key to the room. The bellboy will help you to carry your suitcase to your room. I hope you will enjoy your stay with us.

Guest：Thank you very much.

Staff：My pleasure.

Staff：Thank you for your reservation, sir. Good-bye.

❖【Test】考核标准 ❖

项目	Content	Intonation	Pronunciation	Stress	Manners	Smile
分值	1	2	2	1	2	2

Part Three：Check-out

▶【Objectives】训练目标

How to settle the bill at the front office in English.

▶【Preparation】准备工作

（1）To get all the things ready such as receipt，vouchers，key card，forms，computers，etc.

（2）To grasp all the words and sentences.

（3）To grasp the procedure about check-out.

▶【Training procedure】操作程序

Greeting part→making clear about the room number and the name of the guest → checking the bill and the latest consuming →telling the guests the total price → explaining the bill to the guests →showing the guests the bill→saying good-bye to the guest.

▶【Training method】训练方法

Situational dialogue and role play.

▶【Functional sentences】功能句

Greeting part：Good morning/afternoon/evening! How may I help you? /What can I do for you?

Making clear about the room number and the name of the guest ：May I have your name and your room number，please? /Could you please tell me your name and your room number?

Checking the bill and the latest consuming ：Please wait a moment. I will print the bill for you.

Telling the guests the total price ：So the total is…

Explaining the bill to the guests ：Here is the charge for…

Showing the guests the bill：Here is your bill. Please have a check. /Please check it.

Saying goodbye to the guest：We hope you have enjoyed your stay in our hotel. / We look forward to serving you again. / Wish you a pleasant trip back home.

【Sample】情景模拟

Staff：Good morning，sir. What can I do for you?

Guest：Good morning. I'd like to check out ，please.

Staff：May I have your name and your room number please?

Guest：Yes，my name is Smith ，Tom Smith. My room number is 302.

Staff：Just a minute，please…Yes，you have stayed in a single non-smoking room for five nights. The room rate is RMB 650 per night. Here is your bill，including 15％ service charge.

Guest：Yes. That's right. Oh …well ，how about this item?

Staff：That is about 15％ service charge.

Guest：Yes，I see.

Staff：Yes，Please sign your name here. How would you like to pay your bill，by credit card or in cash?

Guest：In cash please. Here you are.

Staff：Fine. Here is your change and receipt. I hope you enjoyed your stay in our hotel.

Guest：Thank you very much.

Staff：My pleasure. I hope to see you again. Mr. Smith. Good-bye.

Guest：Good-bye.

【Test】考核标准

项目	Content	Intonation	Pronunciation	Stress	Manners	Smile
分值	1	2	2	1	2	2

Part Four：Receiving guest

【Objectives】训练目标

How to show smiling welcome to the guests in the corridor.

【Preparation】准备工作

（1）To get the student to practice the dialogue along the corridor. Prepare four pieces of luggage，a luggage cart and a room card.

（2）To grasp all the words and sentences.

（3）To grasp the procedure about receiving guest along the corridor.

▶▶【**Training procedure**】操作程序

Greeting part→making clear about the room number →showing the guest into the room→taking the luggage to the room→asking the guest if he or she is satisfied with the room→saying good-bye to the guest.

▶▶【**Training method**】训练方法

Situational dialogue and role play.

▶▶【**Functional sentences**】功能句

Greeting part：Good morning/afternoon/evening! How may I help you? /What can I do for you?

Making clear about the room number：May I have your room number?

Showing the guest into the room：I will show you to your room.

Asking the guest if he or she is satisfied with room：Are you satisfied with your room? /Do you like this room?

Saying goodbye to the guest：We hope you will enjoy your stay in our hotel.

【Sample】情景模拟

Staff：Good morning, sir and madam. May I show your room to you?

Guest：Yes, please. Here is our room key.

Staff：This way, please. Here we are. After you, sir and madam. (The floor attendant open the door, they enter the room.)

Guest：Thank you. When will our baggage arrive?

Staff：The bellboy will take it up soon.

Guest：Very well. (The bellboy comes with the baggage and knocks at the door.)

Staff：May I come in? Your baggage is here.

Guest：(Opening the door) Oh, good. Come in, please.

Staff：Four pieces of luggage altogether. Is that correct?

Guest：Yes, thank you.

Staff：You are welcome. I hope you enjoy your stay in our hotel. Good-bye.

Guest：Good-bye.

【Test】考核标准

项目	Content	Intonation	Pronunciation	Stress	Manners	Smile
分值	1	2	2	1	2	2

Part Five：Making up the room

▶▶【Objectives】训练目标

The room maid comes to Mr. White's room with a trolley at about 11：30 a. m.

▶▶【Preparation】准备工作

（1）To get the student to practice the dialogue in the guest room. Prepare some cleaning tools, trolley-bus, etc.

（2）To grasp all the words and sentences.

（3）To grasp the procedure about making-up the rooms.

▶▶【Training procedure】操作程序

Greeting part→making clear if the guest needs making up the room service→asking the guest if he or she needs anything else→saying good-bye to the guest.

▶▶【Training method】训练方法

Situational dialogue and role play.

▶▶【Functional sentences】功能句

Greeting part：Good morning/afternoon/evening! How may I help you? /What can I do for you?

Making clear if the guest needs making up the room service：May I clean your room now?

Asking the guest if he or she needs anything else：Anything else?

Saying goodbye to the guest：I hope you enjoy your stay in our hotel.

【Sample】情景模拟

Staff：（Knocking at the door three times）Housekeeping，May I come in?

Guest：Yes, please.

Staff：I'm sorry to interrupt you, sir and madam. But I would like to clean the room. May I do your room now?

Guest：Thank you. I'm waiting for some of my friends. Can you finish your cleaning in half an hour?

Staff：I got it, sir.

Guest：Very well. Thank you. I wonder why you didn't make up my room earlier in the past two days.

Staff：Sorry,sir. We always do the check-out room first,unless there is a request.

Guest：Would you mind explaining the check-out rooms? What are they?

Staff：Everyday there are a lot of guests check out and leave the hotel. The rooms they stayed in are called check-out rooms. We have to get these rooms ready for sale by the Front Office.

Guest：Yes,I see. Can you make up our rooms earlier on requests?

Staff：Yes,We always make up rooms earlier on request. You can put the other side of your DND handle on the knob of the door.

Guest：Thank you. I hope you enjoy your stay in our hotel. Good-bye.

Guest：Good-bye.

❖【Test】考核标准 ❖

项目	Content	Intonation	Pronunciation	Stress	Manners	Smile
分值	1	2	2	1	2	2

Part Six：Turn-down service

▶▶【Objectives】训练目标

How to provide turn-down service to the guest.

▶▶【Preparation】准备工作

（1）To get the student to practice the dialogue in the guest room，some cups,some tea and some fresh towels.

（2）To grasp all the words and sentences.

（3）To grasp the procedure about the service.

▶▶【Training procedure】操作程序

Greeting part→making clear if the guest needs turn-down service→asking the guest if he or she needs anything else→saying good-bye to the guest.

▶▶【Training method】训练方法

Situational dialogue and role play.

▶▶【Functional sentences】功能句

Greeting part：Good morning/afternoon/evening! How may I help you? /What can I do for you?

Making clear if the guest needs turn-down service：May I do the turn-down service for you?

Asking the guest if he or she needs anything else：Anything else I can do for you?

Saying goodbye to the guest：Have a sweet dream.

【Sample】情景模拟

Staff：Turn-down service . May I come in?

Guest：Yes,please. Here is our room key.

Staff：(Knocking at the door three times) Good evening,sir. May I do the turn-down service for you?

Guest：Oh,no, I'm expecting my friends for a drink before going to a night club. Can you do it later?

Staff：Certainly,sir. What time would it be convenient for you?

Guest：Could you come one hour later? Would you like to tidy up a bit in the bathroom first? I have just showered. It's quite a mess.

Staff：Yes,sir. I'll clean the bathroom and replace some fresh towels. Shall I draw the curtains for you,sir?

Guest：Yes,please.

Staff：Anything else I can do for you?

Guest：Please bring me a few more cups and some tea.

Staff：I will bring them right away. (The maid clean the bathroom and return with some fresh towels,some tea and tea cups.)Here are your cups and tea. I'll provide turn-down service one hour later. Good-bye.

Guest：Good-bye.

【Test】考核标准

项目	Content	Intonation	Pronunciation	Stress	Manners	Smile
分值	1	2	2	1	2	2

Part Seven：Laundry service

▶【Objectives】训练目标

How to provide laundry service to the guest.

▶【Preparation】准备工作

(1) To get the student to practice the dialogue in the guest room. (Prepare some

laundry bag,laundry form.）

（2）To grasp all the words and sentences.

（3）To grasp the procedure about laundry service.

▶▶【Training procedure】操作程序

Greeting part→making clear if the guest needs launndry service→helping the guest fill out the form→checking the cloths→confirming the cleaning method→confirming the returning time.

▶▶【Training method】训练方法

Situational dialogue and role play.

▶▶【Functional sentences】功能句

Greeting part：Good morning/afternoon/evening! How may I help you? /What can I do for you?

Making clear if the guest needs laundry service：Do you have any laundry?

Helping the guest fill out the form：Please fill out this laundry form.

Confirming the cleaning method：Please tell us or notify in the list whether you need your clothes ironed, washed, dry-cleaned or mended and also what time you want to get them back.

Confirming the returning time：When would you like your laundry back?

‖‖【Sample】情景模拟‖‖

Staff：Excuse me,madam,Do you have any laundry?

Guest：Yes,I do.

Staff：Could you please fill out the laundry form please? It's in the drawer of the night table.

Guest：Oh,fine. I got it. （After fill in the form） Well,here you are.

Staff：Thank you, madam. Please give me your laundry bag. One blouse, one sweater,one coat and a pair of trousers. Altogether there are 4 pieces.

Guest：That is right. I'd like the sweater washed by hand in cold water. I'd like to have my coat dry-cleaned.

Staff：Yes,madam. The sweater is washed by hand in cold water and your coat is dry-cleaned.

Guest：When will it be ready?

Staff：We will deliver your bag around 6：00 p. m. this afternoon.

Guest：Thank you,good-bye.

Staff：Good-bye.

◈ 【Test】考核标准 ◈

项目	Content	Intonation	Pronunciation	Stress	Manners	Smile
分值	1	2	2	1	2	2

Part Eight：Morning call service

▶【Objectives】训练目标

How to provide morning call service to the guest.

▶【Preparation】准备工作

（1）To get the student to practice the dialogue in the guest room. prepare some form，telephone，etc.

（2）To grasp all the words and sentences.

（3）To grasp the procedure about morning call service.

▶【Training procedure】操作程序

Greeting part→making clear if the guest needs morning call service→helping the guest fill out the form→confirming the cleaning method→confirming the way of waking-up.

▶【Training method】训练方法

Situational dialogue and role play.

▶【Functional sentences】功能句

Greeting part：Good morning/afternoon/evening! How may I help you? /What can I do for you?

Making clear if the guest needs morning call service：Do you need morning call?

Confirming the way of waking-up：We offer wake-up call services either by operator，by knocking at the door or by the in-room computer system. Which do you prefer?

【Sample】情景模拟

Staff：Good morning,madam,How may I help you?

Guest：Yes,Would you please provide a morning call service for me for tomorrow morning?

Staff：Yes,madam. At what time would you get up?

Guest：At 6:00 tomorrow morning.

Staff：Could you please fill out the form please?

Guest：Oh，fine. I got it. (After fill in the form) Well，here you are.

Staff：Thank you，madam. Would you like to be waken by phone or by knocking at the door?

Guest：By phone，please.

Staff：Yes，madam. I will tell the operator to call you up at 6：00 in the morning. Your room number is 901. Is that correct?

Guest：Yes. You are right.

Staff：Good night，madam. Sleep well and have a good dream.

Guest：Thank you，good-bye.

Staff：Good-bye.

◇ 【Test】考核标准 ◇

项目	Content	Intonation	Pronunciation	Stress	Manners	Smile
分值	1	2	2	1	2	2

Part Nine：Seating guests

▶【Objectives】训练目标

How to seat guests in the restaurant.

▶【Preparation】准备工作

（1）To get the student to practice the dialogue in the dining room . （Prepare some tables and chairs. ）

（2）To grasp all the words and sentences.

（3）To grasp the procedure about seating guests.

▶【Training procedure】操作程序

Greeting part→making clear if the guests having a reservation→making clear how many will that be→seating the guests→showing the menu to the guests.

▶【Training method】训练方法

Situational dialogue and role play.

▶【Functional sentences】功能句

Greeting part：Good morning/afternoon/evening！How may I help you? /What can

I do for you?

Making clear if the guests having a reservation：Have you got a reservation? / Have you reserved a table?

Making clear how many will that be：How many people are there in your party? / Could you tell me the number of diners?

Seating the guests：Follow me, please. / Would you come this way/come with me，please?

Showing the menu to the guests：Here is the menu and wine lists.

【Sample】情景模拟

Staff：Good morning,sir. Welcome to our dining-room. Do you have a reservation?
Guest：Yes,I do.
Staff：Could I have your name?
Guest：Marry Smith.
Staff：A table for five?
Guest：That is right.
Staff：Yes,madam. This way,please. Do you like the table near the window?
Guest：Very nice.
Staff：Be seated,please. Here is the menu. I'll return in a few minutes to take your order. good-bye.

【Test】考核标准

项目	Content	Intonation	Pronunciation	Stress	Manners	Smile
分值	1	2	2	1	2	2

Part Ten：Serving Chinese food

【Objectives】训练目标

How to serve food in Chinese restaurant.

【Preparation】准备工作

（1）To get the student to practice the dialogue in the dining room. （Prepare some tables and chairs and menus. ）
（2）To grasp all the words and sentences.
（3）To grasp the procedure about serving food in Chinese restaurant.

▶▶【Training procedure】操作程序

Greeting part→making clear what kind of food the guests would like to have→making clear what to recommend→confirming what they have ordered→taking what they have ordered to the guests.

▶▶【Training method】训练方法

Situational dialogue and role play.

▶▶【Functional sentences】功能句

Greeting part：Good morning/afternoon/evening! How may I help you? /What can I do for you?

Making clear what kind of food the guests would like to have：Are you ready to order now? / May I take your order now? / Would you like to order now?

Confirming what they have ordered

Taking what they have ordered to the guests：Wait a minute, please. Your dinner will be served soon/be ready soon.

【Sample】情景模拟

Staff：Good evening,sir. May I take your order?

Guest：I'd like to try some Chinese food. What's today's special?

Staff：Would you like to try some hot food?

Guest：Yes.

Staff：Why not try Shredded meat with fish seasoning? It's our chef's recommendation. It's a typical Sichuan dish.

Guest：Well,It sounds interesting.

Staff：How about the fried vegetable with mushroom,then Beancurd with pepper nand chilli sauce,and Hot and sour soup.

Guest：Very nice.

Staff：So,you'd like to have Shredded meat with fish seasoning,the fried vegetable with mushroom,then Beancurd with pepper nand chilli sauce,and Hot and sour soup. Any drinks,please?

Guest：No,thank you.

Staff：Thank you,sir. The dishes will be ready in about 10 minutes. Would you like to have some green tea to drink while waiting?

Guest：That's a good idea.

Staff：I 'll be back in a moment,sir.

【Test】考核标准

项目	Content	Intonation	Pronunciation	Stress	Manners	Smile
分值	1	2	2	1	2	2

Part Eleven：Paying the bill and saying good-bye to the guests

【Objectives】训练目标

How to pay the bill and say good-bye to the guests in Chinese restaurant.

【Preparation】准备工作

（1）To get the students to practice the dialogue in the dining room．（Prepare some tables and chairs and bills.）

（2）To grasp all the words and sentences.

（3）To grasp the procedure about paying the bill in Chinese restaurant.

【Training procedure】操作程序

Greeting part→making clear how much the bill is →making clear what the item is→ making clear how to pay the bill.

【Training method】训练方法

Situational dialogue and role play.

【Functional sentences】功能句

Greeting part：Good morning/afternoon/evening！How may I help you？/What can I do for you？

Making clear how to pay the bill：What is your idea to settle the bill？/ What would you like to pay your bill？

【Sample】情景模拟

The guest finishes his dinner．He waves to the waiter.

Staff：Good evening,sir. Anything I can do for you？

Guest：I'd like to pay my bill.

Staff：Yes,sir. One moment,please. Sorry to have kept you waiting．Here is your bill.

Guest：Well,how much is it all together？

Staff：That is RMB 570. How would you like to pay for your bill?

Guest：I'd like to pay with credit card.

Staff：Yes,sir. What kind of card have you got?

Guest：American Express. Is that OK?

Staff：Yes,that will be fine. Now,may I have a print of your card,sir?

Guest：Of course,here you are.

Staff：Thank you,sir. Sorry to have kept you waiting. Would you please sign your name here?

Guest：Oh,What's this item for?

Staff：That is for 15% service charge.

Guest：I see. Here you are.

Staff：Thank you,sir. Here is your card,and your receipt. Thank you for coming.

Guest：Good-bye.

Staff：good-bye and hope you enjoyed your meal. I'm looking forward to seeing you again.

Guest：Good-bye.

【Test】考核标准

项目	Content	Intonation	Pronunciation	Stress	Manners	Smile
分值	1	2	2	1	2	2

全国旅游院校服务技能(饭店服务)大赛
高等院校组比赛规则和评分标准

Ⅰ. 客房服务员(中式铺床、开夜床)比赛规则和评分标准

一、比赛内容:标准中式铺床、开夜床

二、比赛要求

1. 操作时间 4 分钟(其中中式铺床时间 3 分钟,提前完成不加分,每超过 10 秒扣 2 分,不足 10 秒按 10 秒计算,超过 1 分钟不予计分;开夜床时间 1 分钟,提前完成不加分,每超过 5 秒扣 1 分,不足 5 秒按 5 秒计算,超过 30 秒不予计分)。

2. 选手必须佩戴参赛证提前进入比赛场地,裁判员统一口令"开始准备"后进行准备,准备时间 2 分钟。准备就绪后,举手示意。

3. 选手在裁判员宣布"比赛开始"后开始操作。

4. 操作结束后,选手立于工作台侧,举手示意"比赛完毕"。

5. 比赛用床架不带床头板,不设床头柜,靠近裁判一头为床头。

6. 操作过程中,选手不能跑动、绕床头、跪床或手臂撑床,每违例一次扣 2 分。

7. 其他

(1) 床单和被套叠法:正面朝里,沿长边对折两次,再沿宽边对折两次。

(2) 选手不可在床头操作,其余位置不限。

(3) 床架+床垫高度为 45cm。

8. 中式铺床比赛评判工作结束后,选手整理床铺,做开夜床准备,准备时间为 2 分钟。

三、比赛物品准备

(一) 组委会统一提供

1. 床架(1 个)

2. 床垫(1 个,2m×1.2m)

3. 工作台(1 个)

4. 床单(1 个,2.8m×2m)

5. 被套(1 个,2.3m×1.8m,底部开口,系带方式)

6. 羽绒被(1 床,重量约 1.5kg/床)

7. 枕芯(2 个,75cm×45cm)

8. 枕套(2 个,开口方式为信封口)

(二)参赛选手自备

开夜床创意物品(地巾、拖鞋必备)

四、比赛评分标准

中式铺床评分标准

项　目	要　求　细　则	分值	扣分	得分
床单 (17 分)	一次抛单定位(两次扣 2 分,三次及以上不得分)	6		
	不偏离中线(偏 2cm 以内不扣分,2～3cm 扣 1 分,3cm 以上不得分)	3		
	床单正反面准确(毛边向下,抛反不得分)	1		
	床单表面平整光滑	2		
	包角紧密平整,式样统一(90°)	5		
被套 (6 分)	一次抛开(两次扣 2 分,三次以上不得分)、平整	4		
	被套正反面准确(抛反不得分)	1		
	被套开口在床尾(方向错不得分)	1		
羽绒被 (20 分)	打开羽绒被压入被套内做有序套被操作	2		
	抓两角抖羽绒棉被并一次抛开定位(整理一次扣 2 分,类推),被子与床头平齐	4		
	被套中心不偏离床中心(偏 2cm 以内不扣分,2～3cm 扣 1 分,3cm 以上不得分)	3		
	羽绒被在被套内四角到位,饱满、平展	2		
	羽绒被在被套内两侧两头平	1		
	被套口平整且要收口,羽绒被不外露	1		
	被套表面平整光滑	2		
	羽绒被在床头翻折 45cm(每相差 2cm 扣 1 分,不足 2cm 不扣分)	3		
	尾部自然下垂,尾部两角应标准统一	2		
枕头(2 个) (9 分)	四角到位,饱满挺括	3		
	枕头边与床头平行	2		
	枕头中线与床中线对齐(每相差 2cm 扣 1 分,不足 2cm 不扣分)	2		
	枕套沿无折皱,表面平整,自然下垂	2		
综合印象 (8 分)	总体效果:三线对齐,平整美观	4		
	操作过程中动作娴熟、敏捷,姿态优美,能体现岗位气质	4		
合　计		60		

操作时间:　　分　　秒　　　　　超时:　　秒　扣分:　　分

选手跑床、跪床、撑床　　次:　　　　　　　　扣分:　　分

实 际 得 分	

开夜床评分标准

项　目	要 求 细 则	分值	扣分	得分
被子折角 (1.5 分)	被子反折角为 45°等腰直角形	0.5		
	反折角于床上一侧的直角边与被子中线重合(偏 2cm 以内不扣分,2~3cm 扣 0.5 分,2 厘米以上不得分)	0.5		
	折角平整,下垂自然	0.5		
地巾、拖鞋 (1.5 分)	地巾摆放于折角一侧,地巾靠床头边与被子反折 45cm 边(靠近枕头一侧)齐平,超过不得分	0.5		
	地巾靠床体边与被子下垂边沿垂直齐平,超过不得分	0.5		
	拖鞋摆放于地巾之上,便于使用	0.5		
创意 (7 分)	夜床服务用品新颖、卫生,突出个性化	2		
	摆放位置安全、方便使用	2		
	整体美观、具有艺术美感	2		
	操作过程中动作规范、娴熟、敏捷	1		
合　计		10		
操作时间:　　分　　秒		超时:　　秒	得分:	
实 际 得 分				

Ⅱ. 餐厅服务(中餐宴会摆台)比赛规则和评分标准

一、比赛内容:中餐宴会摆台(10 人位)

二、比赛要求

1. 按中餐正式宴会摆台,鼓励选手利用自身条件,创新台面设计。

2. 操作时间 15 分钟(提前完成不加分,每超过 30 秒,扣总分 2 分,不足 30 秒按 30 秒计算,以此类推;超时 2 分钟不予继续比赛,未操作完毕,不计分)。

3. 选手必须佩戴参赛证提前进入比赛场地,裁判员统一口令"开始准备"进行准备,准备时间 3 分钟。准备就绪后,举手示意。

4. 选手在裁判员宣布"比赛开始"后开始操作。

5. 比赛开始时,选手站在主人位后侧。比赛中所有操作必须按顺时针方向进行。

6. 所有操作结束后,选手应回到工作台前,举手示意"比赛完毕"。

7. 除台布、桌裙或装饰布、花瓶(花篮或其他装饰物)和桌号牌可徒手操作外,其他物品均须使用托盘操作。

8. 餐巾准备无任何折痕;餐巾折花花型不限,但须突出主位花型,整体挺括、和谐,符合台面设计主题。

9. 餐巾折花和摆台先后顺序不限。

10. 比赛中允许使用装饰盘垫。

11. 组委会统一提供餐桌转盘,比赛时是否使用由参赛选手自定。如需使用转盘,须在抽签之后说明。

12. 比赛评分标准中的项目顺序并不是规定的操作顺序,选手可以自行选择完成各个比赛项目。

13. 物品落地每件扣 3 分,物品碰倒每件扣 2 分;物品遗漏每件扣 1 分。逆时针操作扣 1 分/次。

三、比赛物品准备

1. 组委会提供物品:餐台(高度为 75cm)、圆桌面(直径 180cm)、餐椅(10 把)、工作台。

2. 选手自备物品

(1) 防滑托盘(2 个,含装饰盘垫或防滑盘垫)

(2) 规格台布

(3) 桌裙或装饰布

(4) 餐巾(10 块)

(5) 花瓶、花篮或其他装饰物(1 个)

(6) 餐碟、味碟、汤勺、口汤碗、长柄勺、筷子、筷架(各 10 套)

(7) 水杯、葡萄酒杯、白酒杯(各 10 个)

(8) 牙签(10 套)

(9) 菜单(2 个或 10 个)

(10) 桌号牌(1 个)

(11) 公用餐具(筷子、筷架、汤勺各 2 套)

四、比赛评分标准

中餐宴会摆台比赛评分标准

项　目	操作程序及标准	分值	扣分	得分
台布 (3分)	可采用抖铺式、推拉式或撒网式铺设,要求一次完成,两次扣 0.5 分,三次及以上不得分	2		
	台布定位准确,十字居中,凸缝朝向主副主人位,下垂均等,台面平整	1		
桌裙或装饰布 (2分)	桌裙长短合适,围折平整或装饰布平整,四角下垂均等(装饰布平铺在台布下面)	2		
餐椅定位 (5分)	从主宾位开始拉椅定位,座位中心与餐碟中心对齐,餐椅之间距离均等,餐椅座面边缘距台布下垂部分 1.5cm	5		
餐碟定位 (8分)	一次性定位、碟间距离均等,餐碟标志对正,相对餐碟与餐桌中心点三点一线	6		
	距桌沿约 1.5cm	1		
	拿碟手法正确(手拿餐碟边缘部分)、卫生	1		
味碟、汤碗、汤勺(5分)	味碟位于餐碟正上方,相距 1cm	2		
	汤碗摆放在味碟左侧 1cm 处,与味碟在一条直线上,汤勺放置于汤碗中,勺把朝左,与餐碟平行	3		

续表

项　目	操作程序及标准	分值	扣分	得分
筷架、筷子、长柄勺、牙签(8分)	筷架摆在餐碟右边,与味碟在一条直线上	2		
	筷子、长柄勺搁摆在筷架上,长柄勺距餐碟3cm,筷尾距餐桌沿1.5cm	4		
	筷套正面朝上	1		
	牙签位于长柄勺和筷子之间,牙签套正面朝上,底部与长柄勺齐平	1		
葡萄酒杯、白酒杯、水杯(8分)	葡萄酒杯在味碟正上方2cm	2		
	白酒杯摆在葡萄酒杯的右侧,水杯位于葡萄酒杯左侧,杯肚间隔1cm,三杯成斜直线,向右与水平线成30°角。如果折的是杯花,水杯待餐巾花折好后一起摆上桌	5		
	摆杯手法正确(手拿杯柄或中下部)、卫生	1		
餐巾折花(8分)	花型突出主位,符合主题、整体协调	3		
	折叠手法正确、卫生、一次性成形、花型逼真、美观大方	5		
公用餐具(4分)	公用餐具摆放在正、副主人位的正上方	2		
	按先筷后勺顺序将筷、勺搁在公用筷架上(设两套),公用筷架与正、副主人位水杯间距1cm,筷子末端及勺柄向右	2		
菜单、花瓶(花篮或其他装饰物)和桌号牌(3分)	花瓶(花篮或其他装饰物)摆在台面正中,造型精美、符合主题要求	1		
	菜单摆放在筷子架右侧,位置一致(两个菜单则分别摆放在正、副主人位的筷子架右侧)	1		
	桌号牌摆放在花瓶(花篮或其他装饰物)正前方、面对副主人位	1		
托盘(2分)	用左手胸前托法将托盘托起,托盘位置高于选手腰部	2		
综合印象(14分)	台面设计主题明确,布置符合主题要求	5		
	餐具颜色、规格协调统一,便于使用	2		
	整体美观、具有强烈艺术美感	4		
	操作过程中动作规范、娴熟、敏捷、声轻、姿态优美,能体现岗位气质	3		
合　计		70		

操作时间:　　分　　秒		超时:　　秒	扣分:　　分
物品落地、物品碰倒、物品遗漏　　件			扣分:　　分
实 际 得 分			

Ⅲ. 餐厅服务(西餐宴会摆台)比赛规则和评分标准

一、比赛内容:西餐宴会摆台(6 人位)

二、比赛要求

1. 摆台台形按餐台长边每边 2 人、短边每边 1 人摆放;以宴会套餐程序摆台,鼓励选手进行适当台面设计与布置创新,摆设设计由各选手自定。

2. 操作时间 15 分钟(提前完成不加分,每超过 30 秒,扣总分 1 分,不足 30 秒按 30 秒计算,以此类推;超时 2 分钟不予继续比赛,未操作完毕,不计分)。

3. 选手必须佩带参赛证提前进入比赛场地,裁判员统一口令"开始准备"进行准备,准备时间 3 分钟。准备就绪后,举手示意。

4. 选手在裁判员宣布"比赛开始"后开始操作。

5. 比赛开始时,选手站在主人位后侧。比赛中所有操作必须按顺时针方向进行。

6. 所有操作结束后,选手应回到工作台前,举手示意"比赛完毕"。

7. 餐巾准备无任何折痕;餐巾盘花花型不限,但须突出主位花型,整体符合台面设计主题。

8. 除装饰盘、花瓶(花坛或其他装饰物)和 3 头以上烛台可徒手操作外,其余物件,均须使用托盘操作。

9. 比赛中允许使用装饰盘垫或防滑盘垫。

10. 比赛评分标准中的项目顺序并不是规定的操作顺序,选手可以自行选择完成各个比赛项目。

11. 物品落地每件扣 3 分,物品碰倒每个扣 2 分;物品遗漏每件扣 1 分。逆时针操作扣 1 分/次。

三、比赛物品准备

1. 组委会提供物品:西餐长台(长 240cm×宽 120cm,高度为 75cm)、西餐椅(6 把)、工作台、比赛用酒水。

2. 选手自备物品

(1) 防滑托盘(2 个,含装饰盘垫或防滑盘垫)

(2) 台布(2 块):200cm×165cm

(3) 餐巾(6 块,可加带装饰物):56cm×56cm

(4) 装饰盘(6 只):7.2~10 寸

(5) 面包盘(6 只):4.5~6 寸

(6) 黄油碟(6 只):1.8~3.5 寸

(7) 主菜刀(肉排刀)、鱼刀、开胃品刀、汤勺、甜品勺、黄油刀(各 6 把)

(8) 主菜叉(肉叉)、鱼叉、开胃品叉、甜品叉(各 6 把)

(9) 水杯、红葡萄酒杯、白葡萄酒杯(各 6 个)

(10) 花瓶、花坛或其他装饰物(1 个)

(11) 烛台(2 座)

(12) 盐瓶、胡椒瓶(各 2 个)

(13)牙签盅(2 个)

四、比赛评分标准

西餐宴会摆台比赛评分标准

项　目	项目评分细则	分　值	扣分	得分
台布 (4.5 分)	台布中凸线向上,两块台布中凸线对齐	1		
	两块台布面重叠 5cm	1		
	主人位方向台布交叠在副主人位方向台布上	0.5		
	台布四边下垂均等	1		
	铺设操作最多四次整理成形	1		
席椅定位 (3 分)	摆设操作从席椅正后方进行	0.6(每把 0.1)		
	从主人位开始按顺时针方向摆设	0.6(每把 0.1)		
	席椅之间距离基本相等	0.6(每把 0.1)		
	相对席椅的椅背中心对准	0.6(每把 0.1)		
	席椅边沿与下垂台布相距 1cm	0.6(每把 0.1)		
装饰盘 (4.6 分)	从主人位开始顺时针方向摆设	0.4		
	盘边距离桌边 1cm	1.2(每个 0.2)		
	装饰盘中心与餐位中心对准	1.2(每个 0.2)		
	盘与盘之间距离均等	1.2(每个 0.2)		
	手持盘沿右侧操作	0.6(每个 0.1)		
刀、叉、勺 (10.8 分)	刀勺叉由内向外摆放,距桌边距离符合标准(标准见最后"备注")	5.4(每件 0.1)		
	刀勺叉之间及与其他餐具间距离符合标准(标准见最后"备注")	5.4(每件 0.1)		
面包盘、黄油刀、黄油碟 (4.8 分)	摆放顺序:面包盘、黄油刀、黄油盘	1.8(每件 0.1)		
	面包盘盘边距开胃品叉 1cm	0.6(每件 0.1)		
	面包盘中心与装饰盘中心对齐	0.6(每件 0.1)		
	黄油刀置于面包盘右侧边沿 1/3 处	0.6(每件 0.1)		
	黄油碟摆放在黄油刀刀尖正上方,相距 3cm	0.6(每件 0.1)		
	黄油碟左侧边沿与面包盘中心成直线	0.6(每件 0.1)		
杯具 (10.8 分)	摆放顺序:白葡萄酒杯、红葡萄酒杯、水杯(白葡萄酒杯摆在开胃品刀的正上方,杯底中心在开胃品刀的中心线上,杯底距开胃品刀刀尖 2cm)	1.8(每个 0.1)		
	三杯成斜直线,向右与水平线成 45°角	6(每组 1 分)		
	各杯身之间相距约 1cm	1.2(每个 0.1)		
	操作时手持杯中下部或颈部	1.8(每个 0.1)		
花瓶(花坛或其他装饰物) (1 分)	花瓶(花坛或其他装饰物)置于餐桌中央和台布中线上	0.5		
	花瓶(花坛或其他装饰物)的高度不超过 30cm	0.5		

续表

项　目	项目评分细则	分　值	扣分	得分
烛台 (2分)	烛台与花瓶(花坛或其他装饰物)相距20cm	1(每座0.5)		
	烛台底座中心压台布中凸线	0.5(每座0.25)		
	两个烛台方向一致,并与杯具所成直线平行	0.5(每座0.25)		
牙签盅 (1.5分)	牙签盅与烛台相距10cm	1(每个0.5)		
	牙签盅中心压在台布中凸线上	0.5(每个0.25)		
椒盐瓶 (3分)	椒盐瓶与牙签盅相距2cm	1(每组0.5)		
	椒盐瓶两瓶间距1cm,左椒右盐	1(每组0.5)		
	椒盐瓶间距中心对准台布中凸线	1(每组0.5)		
餐巾盘花 (3分)	在装饰盘上褶,在盘中摆放一致,左右成一条线	2		
	造型美观、大小一致,突出正、副主人	1		
倒水及斟酒 (7分)	为三位客人斟倒酒水(其中餐台长边2人,短边1人)			
	口布包瓶,酒标朝向客人,在客人右侧服务	1		
	倒水及斟酒的顺序为:水、白葡萄酒、红葡萄酒	1.5		
	斟倒酒水的量:水4/5杯;白葡萄酒2/3杯;红葡萄酒1/2杯	4.5		
	斟倒酒水时每滴一滴扣1分,每溢一摊扣3分			
托盘使用 (2分)	餐件和餐具分类按序摆放,符合科学操作	1		
	杯具在托盘中杯口朝上	1		
综合印象 (12分)	台席中心美化新颖、主题灵活	4		
	布件颜色协调、美观	2		
	整体设计高雅、华贵	3		
	操作过程中动作规范、娴熟、敏捷、声轻,姿态优美,能体现岗位气质	3		
合　计		70		

操作时间:　　分　　秒	超时:　　秒	扣分:　　分
物品落地、物品碰倒、物品遗漏　件		扣分:　　分
实　际　得　分		

备注:①装饰盘;②主菜刀(肉排刀);③鱼刀;④汤勺;⑤开胃品刀;⑥主菜叉(肉叉);⑦鱼叉;⑧开胃品叉;⑨黄油刀;⑩面包盘;⑪黄油碟;⑫甜品叉;⑬甜品勺;⑭白葡萄酒杯;⑮红葡萄酒杯;⑯水杯。
各餐具之间的距离标准:(1)①、②、④、⑤、⑥、⑧与桌边沿距离为1cm;(2)①与②,①与⑥,⑧与⑩,①与⑫之间的距离为1cm;(3)⑨与⑪之间的距离为3cm;(4)③、⑦与桌边的距离为5cm;(5)⑥、⑦、⑧之间,②、③、④、⑤之间,⑫与⑬之间的距离为0.5cm;(6)⑭、⑮、⑯杯肚之间的距离为1cm。

Ⅳ.调酒师(鸡尾酒调制)比赛规则和评分标准

一、比赛内容

1. 规定鸡尾酒的调制。

2. 自创鸡尾酒的调制。

3. 调酒方式为英式调酒。

二、比赛要求

1. 选手必须佩戴参赛证提前进入比赛场地,裁判员统一口令"开始准备"进行准备,准备时间 2 分钟。准备就绪后,举手示意。

2. 选手在裁判员宣布"比赛开始"后开始操作。

3. 所有操作结束后,选手应回到操作台前,举手示意"比赛完毕"。

4. 物品落地每件扣 6 分,物品碰倒每件扣 4 分;倒酒时每洒一次扣 3 分。

5. 规定鸡尾酒的调制要求选手按该鸡尾酒的标准配方,在规定的时间内进行调制。

规定鸡尾酒的调制内容。

名称:五色彩虹酒

材料:红石榴糖浆、绿色薄荷酒、黑色樱桃白兰地、无色君度利口酒、棕色白兰地。

制法:必须使用吧匙(bar spoon)调制,在利口酒杯内依次将上述原料缓慢注入即可。

要求:酒杯总容量约为 30ml。酒液量占酒杯八至九成满,间隔距离均等。

时间规定:5 分钟(包括操作时间、相关酒水及器具等的复位时间。提前完成不加分,每超过 30 秒扣 5 分,不足 30 秒为 30 秒计算,超时 1 分钟不予计分)。

6. 自创鸡尾酒的调制选手可根据不同主题及创意,采用不同调酒方法进行鸡尾酒的调制。并对该鸡尾酒的主题创意加以说明。

时间规定:5 分钟(包括操作时间、相关酒水及器具等的复位时间、口头说明时间;提前完成不加分,每超过 30 秒扣 5 分,不足 30 秒按 30 秒计算,超时 1 分钟不予计分)。

三、比赛物品准备

1. 操作台、规定鸡尾酒调制用的酒水由组委会提供。规定鸡尾酒调制用的用具,自创鸡尾酒调制用的酒水、用具、各类载杯及装饰物等其他物品均由选手自行准备(注:装饰物只能为原材料或半成品)。

2. 选手对自创鸡尾酒的主题创意须进行口头说明并准备书面说明稿(包括选手姓名、主题名称、主题内涵、配方、调制方法、装饰物品等),说明稿应提前打印好 10 份,比赛前统一上交组委会。

四、比赛评分标准

鸡尾酒调制比赛评分标准

项　　目	要求和评分标准	分值	扣分	得分
标准鸡尾酒的调制 (30 分)	严格按照规定配方调制鸡尾酒	3		
	下料程序正确(依次为:红石榴糖浆、绿色薄荷酒、黑色樱桃白兰地、无色君度利口酒、棕色白兰地)	5		
	调酒器具保持干净,整齐	5		
	酒水使用完毕,旋紧瓶盖,复归原位	3		
	调制后的鸡尾酒层次分明,瑰丽可人,占酒杯八至九成满	8		
	调酒操作姿态优美,手法干净卫生	6		

续表

项 目	要求和评分标准	分值	扣分	得分
自创鸡尾酒的调制 (40 分)	主题创意新颖,独特,具有一定的时代感	10		
	调酒材料选配新颖,独特,与主题创意相符	4		
	调酒器具保持干净,整齐	3		
	酒水使用完毕,旋紧瓶盖,复归原位	2		
	调制后的鸡尾酒具有一定的观赏性,整体风格与主题创意相符	8		
	酒品颜色协调、口感舒适、味道纯正	6		
	主题创意说明口头表述准确,语言清晰、流畅	3		
	调酒操作姿态优美,手法干净卫生	4		
合 计		70		
操作时间: 分 秒		超时:	扣分: 分	
物品落地、物品碰倒、倒酒洒酒 件/次			扣分: 分	
实 际 得 分				

仪容仪表评分标准(所有选手)

项 目	细 节 要 求	分值	扣分	得分
头发 (1.5 分)	男士			
	1. 后不盖领	0.5		
	2. 侧不盖耳	0.5		
	3. 干净、整齐,着色自然,发型美观大方	0.5		
	女士			
	1. 后不过肩	0.5		
	2. 前不盖眼	0.5		
	3. 干净、整齐,着色自然,发型美观大方	0.5		
面部 (0.5 分)	男士:不留胡及长鬓角	0.5		
	女士:淡妆	0.5		
手及指甲 (1.5 分)	1. 干净	0.5		
	2. 指甲修剪整齐	0.5		
	3. 不涂有色指甲油	0.5		
服装 (1.5 分)	1. 符合岗位要求,整齐干净	0.5		
	2. 无破损、无丢扣	0.5		
	3. 熨烫挺括	0.5		
鞋 (1.0 分)	1. 符合岗位要求的黑颜色皮鞋(中式铺床选手可为布鞋)	0.5		
	2. 干净、擦拭光亮、无破损	0.5		
袜子 (1.0 分)	1. 男深色、女浅色	0.5		
	2. 干净、无褶皱、无破损	0.5		
首饰及徽章 (1.0 分)	1. 不佩戴过于醒目的饰物	0.5		
	2. 选手号牌佩戴规范	0.5		

续表

项　目	细　节　要　求	分值	扣分	得分
总体印象	1. 举止:大方,自然,优雅	1.0		
(2.0分)	2. 礼貌:注重礼节礼貌,面带微笑	1.0		
合　计		10		

外语水平评分标准(所有选手)

一、比赛形式

英语比赛采用考官与选手问答的形式。每位选手考试时间约为 5 分钟,每位选手须回答五道题,其中中译英、英译中各两道,情景对话一道。

二、评分标准

准确性:选手语音语调及所使用语法和词汇的准确性。

熟练性:选手掌握岗位英语的熟练程度。

灵活性:选手应对不同情景和话题的能力。

三、评分说明

21~25 分:语法正确,词汇丰富,语音语调标准,熟练、流利地掌握岗位英语,对不同语境有较强反应能力,有较强的英语交流能力。

16~20 分:语法与词汇基本正确,语音语调尚可,允许有个别母语口音,较熟悉岗位英语,对不同语境有一定的适应能力,有一定的英语交流能力。

11~15 分:语法与词汇有一定错误,发音有缺陷,但不严重影响交际。对岗位英语有一定了解,对不同语境的应变能力较差。

10 分以下:语法与词汇有较多错误,停顿较多,严重影响交际。岗位英语掌握不佳,不能适应语境的变化。

饭店服务情景剧评分标准(团体项目)

一、比赛要求

1. 参赛者必须为参加以上四项技能比赛的选手。

2. 参赛选手不得少于 3 名。

3. 表演时间为 5~7 分钟,不足 5 分钟扣 2 分,超过 7 分钟不予继续比赛。

4. 选手准备好情景剧脚本,提前打印好 6 份,比赛前统一上交组委会。

二、评分说明

17~20 分:内容真实、健康、积极向上。整体编排具有合理性、连贯性、完整性,富有创意,符合饭店处理问题的规范。表演形式新颖有创意。在整体效果上体现出饭店真实工作场景,表演自然,现场反映良好,营造出良好的舞台效果。妆容、服装造型符合表演形式和内涵;道具运用得当。

13~16 分:内容真实健康、积极向上。整体编排具有一定合理性、连贯性、完整性。表演形式比较新颖。在整体效果上表演有一定的现场气氛。表演比较自然,现场反映良好,有较好的舞台效果。妆容、服装造型比较符合表演形式和内涵;道具运用得当。

9~12分:内容健康。整体编排在合理性、连贯性、完整性上有所欠缺。表演形式不够新颖。整体效果、表演及舞台效果一般。妆容、服装造型基本符合表演形式和内涵。道具运用基本得当。

8分以下:选手在内容编排和表演上离比赛要求有较大偏差,未能展示出饭店服务人员应有的风采。

三、评分标准

饭店服务情景剧评分标准

项　目	要求及评分标准	分值	扣分	得分
脚本 (10分)	1. 主题鲜明、内容真实、富有真情实感	2		
	2. 对饭店服务中特殊情况的处理,体现出主动性、灵活性,符合饭店处理问题的规范	3		
	3. 内容健康、积极向上,有一定感召力和教育意义	2		
	4. 编排合理、完整、富有创意	3		
表演 (10分)	1. 普通话标准,口齿清晰,语言生动、形象,语气、语调、声音、节奏富于变化,准确、恰当表情达意,富有感染力	2		
	2. 动作表情自然、大方,能准确、直观表达主题内容和思想感情	2		
	3. 人物形象塑造到位、富有表现力	2		
	4. 妆容、服装造型符合表演形式和内涵	2		
	5. 表演形式新颖有创意	2		
合　计		20		
表演时间:　　分　　秒			扣分:　　　分	

全国旅游院校服务技能(饭店服务)大赛
英语口语参考题(高校组)

一、中式铺床

题型一　中译英

1. 您希望我们什么时候为您打扫房间呢?（What time would you like us to clean your room?）

2. 枕套脏了,请换一下好吗?（The pillowcases are dirty. Could you change them for me?）

3. 如果您着急,我们有 2 小时的加急洗衣服务。（If you are in a hurry, we have a two-hour express laundry service. ）

4. 我们可以在 4 小时内送回您的洗衣,加收 50% 的额外费用。（We can deliver your laundry within 4 hours at a 50% extra charge. /We can deliver your laundry within 4 hours，but we charge 50% more. ）

5. 我们提供不同种类的服务,如水洗、干洗、熨和缝补。（We have different services such as washing，dry-cleaning，ironing and mending. ）

6. 我想把我的笔记本电脑存放在饭店的保险柜里。（I would like to store my laptop in one of your safe-deposit boxes. ）

7. 能派人来修理一下窗户吗?（Could you get a repairman to fix the window?）

8. 2135 房间的浴缸坏了,请派人来修理一下好吗?（The bath tub in Room 2135 is out of order/service. Could you please send someone to repair/fix it?）

9. 水龙头一晚上都在滴水。（The water tap was dripping all night long. ）

10. 我想要一个转换插头。（I would like to have an adaptor/ I need an adaptor. ）

11. 这是 1105 房间,请送一个电熨斗。（This is Room 1105. Can you send me an iron，please?）

12. 我房间的电视图像不清楚。（The TV set in my room doesn't give clear pictures. ）

13. 请接受我代表饭店向您道歉。（Please accept my apology on behalf of the hotel. ）

14. 在房间上网是免费的。（We have free internet service. / You can use internet in

the room for free.)

15. 这个房间是海景房。（The room enjoys the ocean/sea view.)

16. 这是您房间的钥匙。我们的行李员会带您去房间。（This is your room key. Our bellboy will show you to your room.)

17. 饭店为客人提供免费的擦鞋服务。（The hotel provides free shoe shining service for its guests.)

18. 这项服务怎么收费？（What's the rate of this service?)

19. 托儿服务每小时收费 20 元，最低从 4 小时开始计费。（The baby-sitting service charges 20 yuan per hour, with a minimum of 4 hours.)

20. 这里有三种治疗胃痛的药，需要我给您读一下说明吗？（Here are three kinds of medicines for stomachache. Would you like me to read the instructions to you?)

题型二　英译中

1. When would you like me to clean your room?（您需要我们什么时候打扫房间?）

2. Good evening. May I do the turn-down service for you now?（现在可以为您开夜床吗?）

3. May I vacuum the blanket for you now?（我可以为地毯吸尘吗?）

4. When would you like me to turn on the lights (for you)?（什么时候能为您把灯打开吗?）

5. I just had a bath and it is a mess in the bathroom. Could you clean the bathroom a little?（我刚洗过澡，浴室里乱糟糟的，你能稍微收拾一下浴室吗?）

6. May I remove the things on your desk so that I can dust it?（我可以移动您桌子上的物品以便清扫书桌么?）

7. Can I have some more juice for the mini-bar?（可以在迷你吧里多放点果汁吗?）

8. Do you prefer your laundry by express service or returned on the same day?（您是要快洗服务还是当日取?）

9. The indemnity shall not exceed ten times of the laundry charge.（赔偿金额最高不超过洗衣费的十倍。）

10. It takes time to repair the air-conditioner in your room. I'm afraid you have to change to another room.（修理您房间的空调需要一些时间，恐怕您得换个房间了。）

11. I'll have a maintenance man come in and look into it.（我叫一名维修工人来看一下。）

12. I am sorry to disturb you. I'm here to fix the shower.（对不起，打扰了。我来修淋浴器。）

13. Please deposit your money, jewels and other valuables in the hotel safe.（请将您的现金、珠宝和其他贵重物品寄存在饭店的保险箱内。）

14. Please keep your room key with you all the time in case you need it when you sign your bills.（请将房间钥匙随时带在身边，以防签单时要用。）

15. Sorry to have caused you so much trouble.（很抱歉给您带来这多麻烦。）

16. I assure you it will never happen again. (我向您保证,这类事情以后不会再发生了。)

17. If you have any problems or requests, please don't hesitate to let us know. (如果您有问题,请随时找我们。)

18. Wish you a pleasant stay with us! (希望您在我们饭店的这段时间生活愉快!)

19. This is Lost and Found. We've found your cell phone. (这里是失物招领处,我们找到了您的手机。)

20. My husband and I want to go out this evening. Can you look after the baby for us? (我和我丈夫今晚要出去,你能帮我照看一下我们的孩子吗?)

题型三 情景对话

1. If the guest wants to make an international call, how would you tell him?

(Dial 9(or other number) first and then your country code, city code and the number you want. And the call will be charged.)

2. If the guest comes to you and says he/she can not open the door, what would you do?

(I would check the guest's ID, and confirm it with the front office. If he is the right guest of the room, I will change his key for a new one, or open the door for him. If there is something wrong with the door, I will ask maintenance to fix it.)

3. If the guest asks for an extra bed in his/her room. What would you say? (Certainly, sir/madam. But I'll have to get permission of the Front Office. /But I'll have to contact the Front Office first.)

4. When you are going to clean the room for the guest, and the guest tells you it is not convenient for him now, what would you do?

(I'll ask the guest when it will be convenient and note it down in the logbook.)

5. If the guest complains that his laundry has been delayed. What would you say to him?

(I would check it right away. /"We'll check if your laundry has come back. "/" We made a mistake while delivering your shirt. We're very sorry for the inconvenience. "/ "We do apologize for causing you so much inconvenience. ")

6. If the guest calls the housekeeping service center, and says it is very cold in his/her room, how would you do?

(I'll tell the guest there is a blanket or quilt in the closet, I'll send him/her an extra blanket or quilt, or I will inform the maintenance department to see if there is anything wrong with the air conditioner.)

7. When a guest calls to borrow a transformer for her iron but you don't have one. What would you say?

(I'm sorry, we don't have transformers. But if you want to iron your clothes, you can call for the laundry service. I am sure they will do it for you.)

8. If the guest calls the service center and says the bulb in his room is broken, what would you do?

(I'll apologize to the guest and tell him/her the electrician will be there soon.)

9. How would you introduce your guestroom to the guest?

(I would tell the guest about the equipment, the views, the service guide, and security of the guestroom.)

10. If the guest comes to tell you that his room is smoky and he wants to change it, but you do not have another room available, how do you solve the problem?

(I would first apologize for it and explain the situation to him and help him get rid of the smell by opening the window and cleaning the air.)

二、中餐宴会摆台

题型一   中译英

1. 下午好,这里是花园餐厅。请问有什么可以为您效劳?(Good afternoon. This is Garden Restaurant. What can I do for you, please?)

2. 我们恭候您的光临。(We look forward to seeing you.)

3. 请跟我来好吗?(Would you please come with me? / Please follow me.)

4. 那里有一张四人用餐的桌子。您喜欢吗?(There's a table for four over there. Would you like it?)

5. 我们给您留了张非吸烟区的桌子。(We have a table in the non-smoking area reserved for you.)

6. 对不起,靠近窗户的座位全都有人了。(I'm sorry. The tables by the window are all occupied.)

7. 餐厅现在已经客满。您可以稍等约 20 分钟吗?(The restaurant is full now. Could you please wait for about 20 minutes?)

8. 您的餐桌已经布置好了,这边请。(Your table is ready, this way, please.)

9. 先生,这是您的菜单。请慢慢挑选。服务员一会儿过来为您点餐。(Here is the menu, sir. Please take your time. The waiter/waitress will be here to take your order soon.)

10. 希望您用餐愉快。(Please enjoy your meal.)

11. 先生,可以点菜了吗?(Excuse me, sir. May I take your order now?)

12. Could you give us a brief description of the Chinese food? (能不能简单给我们介绍一下中国菜?)

13. 您点的菜很快就好了。(Your meal will be ready soon.)

14. 汤已经准备好了,请慢用。(The soup is ready, please enjoy it.)

15. 请问您打算用什么方式结账?(How would you like to pay for the meal/make the payment/settle the bill?)

16. 让您久等了,先生。这是您的账单,您要核对一下吗?(Thank you for waiting, sir. Here is your bill. Would you like to check it?)

17. 很抱歉，请稍等。我会尽快给您上菜。（I'm really sorry. Please wait a moment. I'll fetch it for you as soon as possible.）

18. 您需要把菜分一下吗？（Excuse me，sir/madam. May I separate the dish for you?）

19. 全部的菜已经上齐了，接下来还有点心。（This is the complete course. There is dessert to follow.）

20. 我们给您带来了这么多麻烦，为了表达歉意，特为您提供免费甜点。（To express our regret for all the trouble，we offer you a complimentary dessert.）

题型二　英译中

1. Which would you like better，a table in the hall or a private room?（您希望订大厅的位置还是单独的包房?）

2. I am very sorry，sir. All the tables are reserved until 7 p.m. Would 7 o'clock be all right?（非常抱歉，先生。七点之前的餐桌全部预订出去了。七点钟有空桌，可以吗?）

3. We will have you seated as soon as we get a table available.（一有空桌，我们就安排你们坐下。）

4. We will show you to the non-smoking area.（我们给您换到非吸烟区。）

5. Would you like a table by the window?（您喜欢坐靠窗的位置吗?）

6. What kind of cuisine do you serve in your restaurant?（你们都有些什么风味的菜?）

7. It looks good，smells good and tastes good.（这道菜色、香、味俱全。）

8. The minimum charge for a private room is 200 Yuan per person.（包间的最低人均消费是200元。）

9. Would you like to have table d'hote，or a la carte?（您是选套餐，还是零点呢?）

10. Please take care of your valuables.（请看管好您的贵重物品。）

11. Excuse me，sir. Would you mind sharing the table with other guests?（打扰一下，先生，请问您是否介意和其他客人同桌呢?）

12. Would you please add one more chair to our table?（请给我们加把椅子好吗?）

13. Let's go Dutch this time.（我们这次各付各的账吧。）

14. Could you make out two separated bills for me?（可以给我分开两张账单吗?）

15. You have got a 10% discount for your Visa Card.（您使用维萨信用卡结账可以享受9折优惠。）

16. May I have a print of your credit card?（能不能刷一下您的信用卡?）

17. Here is your card and invoice.（这是您的信用卡和发票。）

18. 您能告诉我事情的详细经过吗？（Can you tell me/describe what happened in details?）

19. Sorry to having kept you waiting. I'll see to it right away.（让您久等，抱歉。我马上去处理。）

20. Here are some complimentary vouchers for you. You can pay with them next

time when you have dinner in our restaurant. （我们有一些赠券送给您，下次您在我们餐厅用餐时可以使用。）

题型三 情景对话

1. If the guest wants to have something that your restaurant doesn't have, what would you say to him?

(Sorry sir. This is not available in our restaurant. But may I suggest some … ?)

2. When a guest calls to reserve a private room for dinner, what information do you have to get?

(I have to know the date and time for the reservation, the number of people, and any other special requirements.)

3. If a guest calls to reserve a table at 7 p. m. , but there isn't any available, what would you say?

(I'm sorry, our restaurant is fully booked at the moment. Would you mind changing your time? Tables will be available at 7:30. And we offer free drinks after 8:00 p. m.)

4. What would you say to the guest if you want to confirm his/her reservation?

(May I confirm your reservation，sir/madam? And then repeat the time, the number of people, requirements on the tables and dishes.)

5. If the guest complains that the dish is not fresh, how would you do?

(I would apologize to the guest，find out the reason，and change the dish or give him a discount according to the situation.)

6. If a guest who sits near the air-conditioner feels cold in your restaurant and asks you to turn down the air-conditioner，what will you do?

(I'll bring him/her a blanket to keep warm. Or ask him/her if he/she could change to another seat far away from the air-conditioner.)

7. If the guest wants to order some wine, but it seems that he/she is under 18 years old，what will you do then?

(According to the law, only adults are allowed to drink spirits or dine in the bar, if I am not sure about his/her age, I'll ask in this way, "My I see your identification?"If he/she is under 18 (years of age), I'll advice him/her to order some soft drinks or juice instead.)

8. If the guest complains that there is a mistake in his bill. What will you say then?

(I'll check it with the department concerned. I would say, "Would you mind waiting for a minute? / Sorry, I'll ask the cashier to check it up again. ")

9. When handling the reservation of a banquet, what information should you get from the guests?

(I should make sure of the name of the company or organization, the expected number of people or tables needed, the time, menu and budget for the banquet, the way how to arrange the table or seats and how to decorate the banquet hall, the guest's special requests and the way of payment. Finally, I should ask the guest to hand in some deposit to secure the reservation in advance.)

10. When the guest finishes his dinner, and you want to know his suggestion, what would you say?

(I would ask the guest whether he has enjoyed the dinner or whether there is anything the hotel can do to improve.)

三、西餐宴会摆台

题型一 中译英

1. 先生,这是甜品餐牌,服务员一会儿过来为您点餐。(Here is the dessert menu, sir. The waiter will be here to take your order.)

2. 您要不要试试我们的自助餐呢?(Would you like to try our buffet dinner?)

3. 主菜吃什么?(What would you like for your main course?)

4. 主菜配什么吃?(What would you like to go with your main course?)

5. 今天的特色菜是烤羊腿。(Today's special is the roast leg of lamb.)

6. 您点的鸡蛋是不是只煎一面,蛋黄朝上?(Would you like your fried eggs sunny-side up?)

7. 您的牛排配什么汁呢?(Which sauce would you like for your steak?)

8. 这道菜是供四人用的。(This dish is for four people.)

9. 您想尝尝我们的招牌菜吗?(Would you like to try our house specials?)

10. 您会喜欢的。味道很好。(I'm sure you'll like it. It is delicious.)

11. 您喜欢那种口味,甜的还是辣的?(Which flavor would you prefer, sweet or chili?)

12. 对不起,蔬菜色拉已经卖完了。(I'm afraid the vegetable salad is sold out.)

13. 您试一下其他的菜好吗?(Would you like to try something else?)

14. 对不起先生,您换点别的可以吗?(I'm sorry, sir. Do you mind trying something else?)

15. 现在可以上菜了吗?(May I serve it to you now?)

16. 先生,您的牛排,色拉和红酒。请慢用。(Your steak, salad and wine, sir. Please enjoy them.)

17. 您要来点甜品吗?(Would you like some dessert?)

18. 您喜欢喝什么咖啡?(What brand coffee would you like?)

19. 先生,是否计入房账?(Would you like to charge this to your room, sir?)

20. 您要分开结账还是一起结账?(Would you like to have bills separated or a single bill?)

题型二 英译中

1. I'd like to change my reservation from 6:30 p. m. to 7:30 p. m. (我想把预订从晚上6点半改到7点半。)

2. Here is the menu and the wine list. Would you like to order an aperitif?(这是菜

单和酒水单。您要先来点开胃酒吗?)

3. Have you decided on anything, Madam? (太太,您决定点什么菜了吗?)

4. Do you fancy a starter? (你们喜欢来点餐前小吃吗?)

5. How would you like your fish cooked? (您希望您的鱼怎么烧?)

6. What would you like to go with your steak? (您的牛排配什么菜呢?)

7. You have ordered two main dishes. Would you like it served together or separately? (您点了两道主菜,请问是需要一起上,还是分开上呢?)

8. I'm sorry. Our sirloin steak is sold out. Would you like to try our beef tenderloin? It is also very good. (对不起,我们的西冷扒卖完了,尝尝我们的牛柳,好吗? 那也一样美味。)

9. You can try our new Thai style food. (您可以尝试一下我们新推出的泰国菜。)

10. We have buffet. You can have all you want for 40 dollars. (我们有自助餐供应,付 40 元就可以得到您想要的东西。)

11. We have clear soup and cream soup at your choice. (我们有清汤和奶油汤供您选择。)

12. Please bring me two slices of bread and butter with the soup. (上汤的时候请给我两片面包和黄油。)

13. Would you like a bottle of white wine to go with your lobster? (您要不要来一瓶白葡萄酒来配龙虾呢?)

14. Do you have vegetarian dishes? (你们有素菜吗?)

15. The dish is very hot. Please be careful. (这道菜很烫,请小心。)

16. Could you give me some more napkins, some sweet-and-sour sauce and pepper? (请多给我几张纸巾和一些甜酸酱及胡椒。)

17. By the way, what is this under the chopsticks? (顺便问一下,筷子底下的东西是什么?)

18. Would you like to see our cake selections? (您要看看我们蛋糕的种类吗?)

19. I'd like a cup of black coffee. (我要一杯清咖啡。)

20. I can offer you some oyster soup as compliments of the chef. (我可以向您免费提供一些牡蛎汤,算是厨师的一点心意。)

题型三　情景对话

1. When the guest orders the beefsteak, what do you have to pay attention to?

(I will pay attention to how the guest likes it done:well done or rare and what kind of sauce or dishes the guest wants to go with the steak.)

2. If you find that the guest leaves the restaurant without paying his bill, what would you do?

(I would go and politely tell him that he has forgotten to pay his bill.)

3. If the guest takes out his cigarette and starts smoking in a non-smoking area in the restaurant, what would you do?

(I would go to him and politely tell him that this is a non-smoking area and ask him to stop smoking or to smoke in the smoking area.)

4. While you are on duty，what would you say if the guest invites you for a drink?

(I would tell him that I am working. So I'm not supposed to accept the guest's invitation. But I would thank him all the same.)

5. If a guest is in a hurry to work in the morning, what kind of breakfast would you recommend to him /her?

(I'll advice him /her to have continental breakfast，as it is simple and quick.)

6. If you want to clear the plates for the guest at dinner，what would you say?

(May I remove the plates ? /May I take your plates? /May I clear the table for you?)

7. If the guest complains about waiting for a long time，what would you say?

(Sorry to have kept you waiting. I'll check it right away. /I'm sorry, sir. We are short of help today. Would you like to have a drink first?)

8. If you learn that the guest would leave the hotel very early next morning. What suggestion would you give him?

(I would suggest having his bills paid in the night in case there is a hurry the next morning.)

9. If a guest is having his last dish，but he finds it is different from what he has ordered，what would you say?

("I'm sorry to hear that. This is quite unusual. I will look into the matter at once. Would you like to have a new one or change to another dish?")

10. If a guest complains the steak is underdone，what would you say?

("I'm sorry. I'll change it for you immediately. There will be no charge for it. /I'll return it to the chef and cook it again. ")

四、调酒

题型一　中译英

1. 酒吧现在客满,请稍等约 20 分钟好吗? (The bar is full now. Would you care to wait for about 20 minutes?)

2. 这是酒水单,请慢慢看。(Here is the drink list，sir. Please take your time.)

3. 等一会儿我会回来为你点单。(I'll return/be back to take your order in a while.)

4. 您要喝点什么,史密斯先生? 和往常一样吗? (What would you like to drink? Your usual，Mr. Smith?)

5. 进餐前要不要来点开胃酒? (Would you care for an aperitif before your meal?)

6. 您先喝什么茶? 红茶还是绿茶? (What kind of tea would you prefer to begin/start with? Green tea or black tea?)

7. 您喜欢什么,先生? (What is your pleasure, sir? /What would you like, sir?)

8. 我们有一瓶保存了 20 年的葡萄酒。(We have a bottle of twenty years'old wine.)

9. 我们供应很多种饮料,请自便。(We serve many kinds of drinks. Please help

yourself.)

10. "绿岛"(鸡尾酒名)的口感相当好。("Green Island" tastes very good/excellent.)

11. 如果您不喜欢这个,试试白兰地怎么样?(If you don't like this, how about Brandy?)

12. 如果您喜欢烈性酒,我们有伏特加。(We have Vodka if you prefer strong liquor.)

13. 这酒不够冰。(This wine is not chilled enough.)

14. 请问您要再来一杯吗?(Would you like one more?)

15. 我们有上好的饮品。(We have got good drinks.)

16. 先生,现在可以上威士忌了吗?(May I serve the Whisky now, sir?)

17. 您不介意把餐桌一边的窗户打开吧?(Would you mind opening the window by the table?)

18. 如果您不介意,我们可以为您看管行李。(If you don't mind, we can take care of your baggage.)

19. 从您入住我们的饭店后,就可以签单。(You may sign the bill any time when you stay in our hotel.)

20. 非常抱歉,还有什么可以为您效劳吗?(I do apologize. Is there anything I can do for you?)

题型二 英译中

1. "Summer Sunshine" would be nice. (来一杯"夏日阳光"。)

2. "Setting Sun At Dusk" sounds very interesting. ("日落黄昏"听起来很有意思。)

3. Here are some peanuts for free. Please enjoy them. (这是你的花生米,请免费享用。)

4. The name of "Bright Stars" sounds romantic. ("星光灿烂"的名字很浪漫。)

5. Make it two, please. (再给我来一杯。)

6. A glass of whiskey, half and half. (一杯威士忌,一半水,一半酒。)

7. Two ounces scotch on the rocks, please. (要一杯两盎司加冰的苏格兰酒。)

8. I'd like a glass of whiskey, straight up. (来一杯威士忌,纯喝。)

9. How would you like your brandy, up or down? (您的威士忌,加冰还是不加冰?)

10. Scotch over, please. (一杯加冰的苏格兰酒。)

11. Please page Mr. Li in the bar for me. (请呼叫一下在酒吧里的李先生。)

12. The canned coke is 7 yuan. The bottled coke is 10 yuan. (罐装的可乐售价7元,瓶装的售价10元。)

13. Sir, we still have your half bottle of Brandy here. Would you like us to serve it to you? (先生,您还有半瓶白兰地寄存在这儿,需要为您拿过来吗?)

14. We have fresh orange juice, apple juice, watermelon juice, and mango juice. (我们的鲜榨果汁有橙汁、苹果汁、西瓜汁、芒果汁。)

15. Your bottle of wine is finished. Would you like one more bottle? (您的这瓶酒

已经添完了。请问是否需要再加一瓶?)

16. I'd like my coffee with milk instead of sugar. (我的咖啡加奶不要糖。)

17. We are about to finish drinking. We need no more. (我们已经喝得差不多了,不要再加酒了。)

18. You can hold the payment of the bill until you decide to leave if you'd like to. (您可以在离开的时候再结账。)

19. How would you like to settle your payment? By credit card or in cash? (请问您如何结账,信用卡还是现金?)

20. Would you like to have bills separated or a single bill? (请问是分开付账还是一起结账?)

题型三　情景对话

1. What kind of drink is cocktail?

(The cocktail is a drink made by blending spirits together or adding condiments to a wine or more.)

2. What is champagne?

(Champagne is a sparkling, dry, white wine originally from the region of Champagne.)

3. What is whiskey?

(Whiskey is distilled alcoholic liquor made from grain, usually containing from 43 to 50 percent alcohol.)

4. What does "V. S. O. P" mean?

("V. S. O. P" means V—very,S—superior,O—old,P—pale.)

5. Can you tell the four basic methods to make cocktail?

(They are shake (摇和法), stir (调和法), build (兑合法) and blend (搅和法).)

6. What does "on the rocks" mean?

("on the rocks" means that the liquor is served over ice cubes, that is to say, putting the ice cubes into the glass, and then pouring the liquor on the ice.)

7. Can you say something about the importance of temperature for the taste of wine? And how can you cool a bottle of wine?

(Cooling wine can mask imperfections of the taste, while warming wine expresses its characteristics. The wine will cool by 2℃ for every 10 minutes in the refrigerator and warm at the same rate when removed from the refrigerator. If you are in a hurry, 35 minutes in the freezer will be ok.)

8. If the guest asks you to recommend some drinks before a meal, what kind of drink would you suggest?

(The most common before-dinner drink is the cocktail, a concoction of liquor such as Gin, Whiskey, and Rum which are 80 to 100 proof, ingredients such as bitters, fruit juices, ice and fruit. Some before-dinner drinks contain little sugar, such as vermouth and sherry.)

9. If the guest complains that there is a mistake in his bill what will you do then?

(I will first check the bill with the cashier and department concerned. If there isn't any mistake, I'll explain the bill, item by item. If there is a mistake, I will change the bill and apologize to the guest by saying "Would you mind waiting for a minute? / Sorry, I'll ask the cashier to check it up again. /I am really sorry for the mistake(s). /Sorry to have kept you waiting so long, sir. ")

10. What would you say to someone who walks into your bar for a drink? And how will you serve him/her?

(Firstly, I will greet to the guest by saying "Good morning, welcome to our bar. " And then ask the guest if he/she has a reservation by saying "Have you got any reservation?"If the guest has reserved a table, I will ask for his name and check it for the guest. After that I'll show him/her the way to the seat. If the guest doesn't have any reservation. I will ask about the number of people, seat preference, and then arrange a table for the guest by saying "How many people?" "Will this table do?")

附录 3

院校及旅游饭店其他服务项目比赛规则及标准

Ⅰ. 前厅接待服务比赛规则及评分标准

一、比赛内容及时间分配

时间 10 分钟,总分 100 分。其具体内容和要求分别为:

1. 仪表仪容仪态:不单独占时。

2. 散客及行李抵店服务:要求 2 分钟完成。

3. 散客入住登记:要求 3 分钟完成。

4. 散客离店结账:要求 2 分钟完成。

5. 答辩题:英语口语题 1 题,普通话技术题 2 题,共 3 小题;每小题 3 分,共 15 分;要求 3 分钟内答完。

二、比赛要求

1. 选手进行散客抵店行李服务、入住登记、离店结账情景模拟,可以由专门人员扮演客人,充分体现选手的应变能力、言语表达能力、推销能力等。

2. 每位选手比赛时间应在 7 分钟之内完成全部情景模拟,超时停止比赛;中、英文问题由选手在比赛试题中选取题号,评委读出问题后 10 秒之内应予回答,10 秒之后视作放弃,超时叫停。

3. 选手须站姿端庄、态度和蔼、笑容亲切、目光自然平视。

4. 回答问题清晰、语调和缓、表达流畅。

5. 普通话回答问题,英语口语熟练。

6. 回答问题结束要应示意说"回答完毕"。

7. 在规定范围之内进行接待情景模拟。

8. 每一项目在裁判员分别宣布"比赛开始"后选手再进行操作。

三、物品准备

1. 扮演前台接待员的工作人员(1 名);

2. 模拟总台(1 个,2 米×1.2 米);

3. 《(散客)入住登记表》(1 打);

4. 行李包(1 个,普通拖箱);

5. IC 卡钥匙编码器（1 个）；

6. IC 卡钥匙（1 把）；

7. 打时机（1 个）；

8. 模拟用电脑（1 台）。

四、评分标准

前厅接待情景模拟评分标准

序号	项目			标准及要求	分值	扣分	得分
1	英文问答			①语言流畅,语气自然；②言之有物,主题突出；③富有逻辑,符合标准；④一分钟之内回答完毕,根据情况酌情扣分	10		
2	中文问答			①语言流畅,语气自然；②言之有物,主题突出；③富有逻辑,思维敏捷；④解决问题符合行业规范；⑤听题后 10 秒钟之内作答	10		
3	仪容仪表言谈举止			①衣着整洁；②站姿规范；③面带微笑；④发型符合标准；⑤面部淡妆；⑥指甲、饰物合乎要求；⑦神态端庄；⑧声调自然；⑨举止大方；⑩使用敬语；⑪普通话标准	10		
4	情景模拟	散客抵店行李服务｜入住登记｜离店结账	程序	① 准确,工作流程不乱 ② 步骤颠倒酌情扣分 ③ 每有一处不得当每次扣 2 分,直至该项分值扣完	10		
			言语	① 用词礼貌,符合前厅服务用语的要求 ② 不规范酌情扣分 ③ 每有一处不得当每次扣 2 分,直至该项分值扣完	10		
			语气	① 柔和、给人以友好、亲切感 ② 生硬、例行公事感酌情扣分 ③ 根据语气到位程度每级扣 3 分,直至该项分值扣完	12		
			姿态	① 站姿、手势符合服务姿态标准要求 ② 站姿不到位,手势不得当,不规范酌情扣分 ③ 每有一处不得当每次扣 3 分,直至该项分值扣完	12		
			表情	① 真诚、自然、大方、亲切 ② 眼神平和、有交流 ③ 眼神没有交流、表情生硬、不自然酌情扣分 ④ 根据表情到位程度每级扣 3 分,直至该项分值扣完	12		
			微笑	① 笑容真诚、饱满、灿烂、友好、亲切 ② 不微笑、笑容不自然、不能保持始终酌情扣分 ③ 根据微笑程度每级扣 4 分,直至该项分值扣完	14		
说明:评委除根据评分标准进行评定之外,还可根据选手在每个项目中所表现出的职业习惯、职业素质、职业风范酌情量分,确保分值公平、公正					合计		

Ⅱ．总台问询服务竞赛规则及标准

一、竞赛内容
仪容、仪表、前台术语解释、处理疑难问题能力、案例分析、推销技巧。

二、规则及要求
（一）仪容、仪表要求（10 分）

1. 头发干净、整齐。男士头发后不盖领、侧不盖耳；女士头发后不过肩、前不盖眼。

2. 面容清洁：男士胡子刮干净，女士淡妆。

3. 服装：着本岗位工作服、干净，熨烫挺括，纽扣齐全，无破损，无污迹，不得将衣袖、裤腿卷起，佩戴选手参赛证（左胸上方）。

4. 鞋：黑颜色，布鞋要干净，皮鞋要光亮、无破损。

5. 袜子：女士穿肉色丝袜，男士穿深色的袜子，干净、无绽线。

6. 首饰：只准戴手表，不得戴其他饰物。

7. 表情：微笑，目光平视、自然。

8. 形体：站姿重心向上、双肩水平一致，无小动作，行走不摇摆、不僵直。

9. 礼貌：礼貌用语、不插话，不打断话，尊重司仪及裁判，语气、语调平和、自然。

（二）前台术语解释（14 分）

1. 答出术语的含义。

2. 标准的普通话。

3. 回答问题的思路清晰、反应敏捷、解释完整、不累赘。

4. 选手抽签解释 2 个前台术语，每个术语指定在 1 分钟内完成。

（三）处理疑难问题能力（21 分）

1. 弄清问题，分析问题。

2. 着手处理问题，兼顾饭店、客人利益。

3. 解释完整、详尽、不累赘、有条理。

4. 选手抽签处理 2 个疑难问题，每个疑难问题处理指定在 1 分 30 秒内完成。

（四）案例分析（10 分）

1. 裁判讲述一个案例。

2. 选手进行案例分析。

3. 分析合理、完整、有条理。

4. 案例分析指定时间为 2 分钟。

（五）推销技巧（40 分）

1. 选手要在 3 分钟内用英语简介本饭店服务设施及特色。

2. 英语发音、语调无明显错误，介绍要清楚。

3. 裁判根据选手的饭店简介及当地旅游常识提几个问题。

4. 选手要有推销意识和技巧，要能根据客人需求推销最好的服务，热情主动，灵活合理。

5. 选手要反应敏捷，兼顾饭店和客人两者利益。

6. 用英文回答问题,指定时间均为 1 分 30 秒。

7. 选手要将简述本饭店服务设施的英文稿复印 6 份。在抽签仪式后,由领队写上编号交总台问询项目监督员。

三、指定参考书目

(略)

Ⅲ. 艺术插花比赛规则与评分标准

一、比赛规则

1. 所有参赛作品必须以天然植物花材为主题,不能以其他物件喧宾夺主。

2. 所有花材不可预先修剪,必须现场修剪。所有鲜花及新鲜植物的切口,必须浸在水中或插在浸透水分的物料之中。

3. 人造植物或花材不能使用(过分夸张的花架不允许带入赛场)。

4. 参赛选手根据设计自带插花所需各种花材、工具等,如:花材、花泥、花器、水、辅材、喷壶和修剪工具,主办单位提供比赛场地、作品标签以及操作需要使用的桌椅。

5. 参赛选手需根据自己的设计创意为作品命名,填在作品标签上,待作品完成后放于作品前。

6. 比赛时间为 45 分钟,请选手合理安排时间,超时操作按照每 30 秒扣 1 分,直至扣到 5 分为止。比赛中途不得换人。完成作品后,不得随意离开现场,选手立于工作台侧,举手示意"操作完毕",计时结束。

7. 本着绿色环保的原则,场地清洁和中途废弃料的处理情况将计入技巧项目中。

8. 所有选手操作完毕后,按照比赛序号逐一进行现场解说,将作品的主题、设计、寓意、寄语等进行阐述,限时 3 分钟。一名选手讲解时,其余选手可以在工作椅上休息。

二、评比标准

作品的评分主要分为四项:主题创意、整体构图造型、色彩搭配、技巧做工。

(一) 主题创意(3 分)

主要评价设计的主题是否得以合理的表现、独创性和原创性。

(二) 整体构图造型(3 分)

主要评价作品的设计和平衡是否恰当,使用的材料是否恰当,是否每个要素都融洽地结合在一起并产生合适的效果。作品在视觉和实质上都须保持平衡。要有明显的三维空间,各部分的衔接是否自然、适当。

(三) 色彩搭配(2 分)

评价作品使用的色彩及各色彩之间的协调性,与主题相关的颜色使用的是否恰当,色彩的过渡是否给人美感。

(四) 技巧做工(2 分)

主要评价选手在设计结构、枝叶裁剪上表现出来的技巧,使用胶条、绳子及其他设计材料时,是否正确和专业。

三、评分细则

艺术插花比赛评分表

项　目	标　准	分　值	得　分
创意与主题	独创性	3	
	感染力		
	主题表达		
	花材选择		
	风格		
整体构图造型	焦点	3	
	造型		
	平衡		
	体量与比例		
	组群设计		
	线条与韵律		
色彩配置	整体协调	2	
	视觉感染力		
	烘托主题		
	色彩平衡		
技巧做工	稳定性	2	
	遮盖与整洁		
	花材处理		
	现场清理		
	花材的经济性		
合　计		10	
操作时间：　分　秒　超时：　秒　扣分　分			
实际得分			

Ⅳ. 茶艺大赛比赛规则及评分细则

一、比赛内容

规定茶艺、自创茶艺

二、比赛要求

1. 参赛选手自带比赛用茶叶、茶具及比赛所需的一切装饰物品。

2. 参赛选手自己安排人员协助搭、拆比赛茶台,茶艺表演结束后即可拆除。

3. 比赛起、止点以选手正式步入茶台和最后离开茶台为准(不包括抽答题环节)。

4. 参赛迟到和参赛准备工作不充分者(茶台布置时间不超过 5 分钟、茶艺表演时间不超过 15 分钟)取消比赛资格。

5. 常规评分项为:茶技艺、茶汤质量、茶礼仪、茶艺环境、茶知识和茶艺表演整体美感 6 个常规评分项总分为 100 分。

6. 创新项加分项,凡是在解说词、茶技艺、茶艺表演环境营造方面有创新者,可根据情况在总分上加 1~5 分。茶技艺创新不得违背茶理。

7. 茶艺比赛限时 15 分钟,超过 15 分钟则扣分(从茶艺开始到表演结束)。由计时员直接通报扣分。

三、评分细则

茶艺技能竞赛(规定茶艺)评分表

序号	项目	分值(%)	要求和评分标准	扣分标准	扣分	得分
1	礼仪仪表仪容(15 分)	5	发型、服饰与茶艺表演类型相协调	(1) 发型散乱,扣 0.5 分 (2) 服饰穿着不端正,扣 0.5 分 (3) 发型、服饰与茶艺表演类型不相协调,扣 1 分		
		5	形象自然、得体、高雅,表演中用语得当,表情自然,具有亲和力	(1) 视线不集中,表情平淡,目低视,表情不自然,扣 0.5 分 (2) 说话举止略显惊慌,扣 1 分 (3) 不注重礼貌用语,扣 1 分		
		5	动作、手势、站立姿势端正大方	(1) 站姿、走姿摇摆,扣 1 分 (2) 坐姿不正,双腿张开,扣 1 分 (3) 手势中有明显多余动作,扣 1 分		
2	茶席布置(10 分)	5	茶器具之间功能协调、质地、形状、色彩调和	(1) 茶具配套不齐全,或有多余的茶具,扣 1 分 (2) 茶具色彩不够协调,扣 1 分 (3) 茶具之间质地、形状大小不一致,扣 2 分		
		5	茶器具布置与排列有序、合理	(1) 茶席布置不协调,扣 1 分 (2) 茶具配套齐全,茶具、茶席相协调,欠艺术感,扣 0.5 分		
3	茶艺表演(40 分)	5	根据主题配置音乐,具有较强艺术感染力	(1) 音乐与主题不协调,扣 1 分 (2) 音乐与主题基本一致,欠艺术感染力,扣 0.5 分		
		10	冲泡程序契合茶理,投茶量适用,水温、冲水量及时间把握合理	(1) 冲泡程序不符合茶理,顺序混乱,扣 2 分 (2) 未能正确选择所需茶叶、配料,扣 1 分 (3) 选择水温与茶叶不相符合,过高或过低,扣 1 分 (4) 冲水量过多或太少,扣 1 分 (5) 各杯中茶水有明显差距,扣 1 分		
		15	操作动作适度,手法连绵、轻柔,顺畅,过程完整	(1) 未能连续完成,中断或出错三次以上,扣 2 分 (2) 能基本顺利完成,中断或出错两次以下,扣 1 分 (3) 表演技艺平淡,缺乏表情及艺术品味,扣 1 分 (4) 表演尚显艺术感,艺术品味平淡,扣 1 分		

序号	项目	分值(%)	要求和评分标准	扣 分 标 准	扣分	得分
3	茶艺表演(40分)	5	奉茶姿态、姿势自然，言辞恰当	(1) 奉茶姿态不端正,扣 0.5 分 (2) 奉茶次序混乱,扣 1 分 (3) 脚步混乱,扣 0.5 分 (4) 不注重礼貌用语,扣 0.5 分 (5) 收回茶具次序混乱,扣 0.5 分		
		5	收具	(1) 收具顺序混乱,茶具摆放不合理,扣 1 分 (2) 离开表演台时,走姿不端正,扣 1 分		
4	茶汤质量(30分)	20	茶色、香、味、形表达充分	(1) 未能表达出茶色、香、味、形,扣 3 分 (2) 能表达出茶色、香、味、形其一者,扣 2 分 (3) 能表达出茶色、香、味、形其二者,扣 1 分		
		5	奉客人茶汤应温度适宜	(1) 茶汤温度过高或过低,扣 2 分 (2) 茶汤温度与较适宜饮用温度相差不大,扣 1 分		
		5	茶汤适量	(1) 茶量过多,溢出茶杯杯沿,扣 1 分 (2) 茶量偏少,扣 0.5 分		
5	时间(5分)	5	在 15 分钟内完成茶艺表演,超时扣分	每超过 10 秒扣 1 分,以此类推,超过 1 分钟后不再计时,无成绩。		

茶艺技能竞赛(自创茶艺)评分表

序号	项目	分值(%)	要求和评分标准	扣 分 标 准	扣分	得分
1	创新(15分)	5	主题立意新颖,有原创性;意境高雅、深远	(1) 主题立意较新,原创性不明显,扣 1 分 (2) 主题立意新颖,有原创性,缺乏文化内涵,扣 0.5 分		
		5	茶席设置、茶具配置有新意	(1) 茶席、茶具布置合理,但缺乏新意,扣 1 分 (2) 茶席、茶具布置合理,有新意,与主题不相符,扣 0.5 分		
		5	泡茶手法、音乐服饰有新意	(1) 泡茶手法、音乐服饰无新意,扣 1 分 (2) 泡茶手法中有新意,不具高难度动作,扣 0.5 分 (3) 音乐、服饰有新意,与主题不相符,扣 1 分		

续表

序号	项目	分值(%)	要求和评分标准	扣 分 标 准	扣分	得分
2	茶、水、具布置(5分)	5	茶、水、具配置协调	(1) 茶具色彩不够协调,扣1分 (2) 茶具之间质地、大小不协调,扣1分 (3) 茶具摆放错乱,扣1分 (4) 茶具配套齐全,茶具、茶席相协调,欠艺术感,扣0.5分		
3	茶艺表演(40分)	10	根据主题配置音乐,音乐、服饰配置具有较强艺术感染力	(1) 无背景音乐,扣1分 (2) 音乐与主题不协调,扣0.5分 (3) 音乐与主题基本一致,欠艺术感染力,扣0.5分		
		15	动作适度、手法连绵、轻柔,冲泡程序合理,过程完整、流畅	(1) 未能连续完成,中断或出错三次以上,扣2分 (2) 能基本顺利完成,中断或出错两次以下,扣1分 (3) 表演技艺平淡,缺乏表情及艺术品味,扣1分 (4) 表演尚显艺术感,艺术品味平淡,扣1分		
		7	沏泡过程中语言运用恰当,语气、语调得体	(1) 语言运用不恰当,扣2分 (2) 语言运用恰当,语气语调与冲泡手法不一致,扣1分		
		8	奉茶姿态、姿势自然,言辞恰当	(1) 奉茶姿态不端正,扣1分 (2) 奉茶次序混乱,扣1分 (3) 脚步混乱,扣1分 (4) 不注重礼貌用语,扣1分 (5) 收回茶具次序混乱,扣1分		
4	茶汤质量(30分)	20	茶汤色、香、味、形表达充分	(1) 未能表达出茶色、香、味形,扣3分 (2) 能表达出茶色、香、味、形其一者,扣2分 (3) 能表达出茶色、香、味、形其二者,扣1分		
		5	奉客人茶汤应温度适宜	(1) 茶汤温度过高或过低,扣2分 (2) 茶汤温度与较适宜饮用温度相差不大,扣1分		
		5	茶汤适量	(1) 茶量过多,溢出茶杯杯沿,扣1分 (2) 茶量偏少,扣0.5分		
5	解说(5分)	5	有创意,讲解口齿清晰婉转,能引导和启发观众对茶艺的理解,给人以美的享受	(1) 讲解与表演过程不协调,扣2分 (2) 讲解不能很好地表达主题,扣1分 (3) 讲解口齿不清晰,扣1分 (4) 讲解欠艺术表达力,扣1分		
6	时间(5分)	5	在15分钟内完成茶艺表演,超时扣分	每超过10秒扣1分,以此类推,超过1分钟后不再计时,无成绩		

饭店服务礼仪考核评分表

班级　　　　　　　　姓名　　　　　　　　得分

项 目		评 分 标 准	扣分	得分
语言展示(10分) (自我介绍)		时间一分钟,使用普通话,语言简洁,语音标准、吐字清晰、流畅,富有感染力,自我介绍富有特点,便于认知,与搭配手势相协调;超时叫停,每有一处不得当扣1分		
容仪表(20分)	妆容(7分)	自然大方、恰到好处、发型得体大方。每有一处不当扣1分		
	着装(7分)	整洁、端庄、得体、协调、美观。每有一处不协调扣1分		
	精神(6分)	面带微笑,精神饱满、神采奕奕、富有亲和力		
姿态(45分)	站姿 (15分)	(1) 头正肩平颈直,双眼平视,下颌微收,表情自然,面带微笑 (2) 挺胸、收腹、两肩外展 (3) 双臂自然下垂放于身体两侧,中指对准裤缝或分别采用男士、女士惯用礼仪站姿 (4) 两腿直立;贴紧,脚跟并拢脚尖外展成30°角(女)或两脚平行,与肩同宽(男) (5) 每有一处不得当扣1分		
	坐姿 (15分)	(1) 上体正直,双腿、双脚、双手姿势规范,落座、起坐自然优雅 (2) 男士:男士双腿可平行分开,但不宜超过肩宽;双手可自然放于膝上,或轻放于坐椅扶手上,手心向下 (3) 女士:就座后双腿并拢,采用小腿交叉向后或偏向一侧,女士就座后双手交叉放于腿上,手心向下(着裙装入座时,应先用手将裙子向双腿拢一下) (4) 每有一处不得当扣1分		
	走姿 (15分)	(1) 上身保持正直,双肩放松,目光平视,下颌微收,双臂自然摆动,幅度以30°为宜,面带微笑 (2) 女士行走时,走直线交叉步,男士走两条平行的直线 (3) 行走时不宜左顾右盼,脚步不宜太沉重而发出较大声响 (4) 步幅以一个脚长为宜,步速保持相对稳定,既不能太快,也不能太慢 (5) 每有一处不得当扣1分		
见面礼(25分)	称呼(5分)	称呼准确,语气亲切、柔和、语速适中2分;面带微笑,表情自然大方3分;每有一处不得当扣1分		
	鞠躬(7分)	面带微笑,表情自然大方2分;眼神协调,关注对方3分;礼节性鞠躬身体前倾15°4分;每有一处不得当扣1分		
	握手(6分)	身体略前倾,力度适中2分;目光平视对方,表情自然3分;手势正确,身体协调4分;每有一处不得当扣1分		
	交换名片(7分)	①面带微笑,眼睛友好的目视对方;②身体微向前躬,手臂高度略与胸齐;③用语规范,应双手接过或右手接;④每有一处不得当扣1分		
说明		每个人展示时间为2分钟,见面礼展示时可由同学相互配合进行情景模拟,同时可为两位同学评分		

前厅接待服务考核评分标准

序号	项目		标准及要求	分值	扣分	得分
1	英文问答		①语言流畅,语气自然;②言之有物,主题突出;③富有逻辑,符合标准;④一分钟之内回答完毕,根据情况酌情扣分	10		
2	中文问答		①语言流畅,语气自然;②言之有物,主题突出;③富有逻辑,符合标准;④一分钟之内回答完毕	10		
3	仪容仪表言谈举止		①衣着整洁;②站姿规范;③面带微笑;④发型符合标准;⑤面部淡妆;⑥指甲、饰物合乎要求;⑦神态端庄;⑧声调自然;⑨举止大方;⑩使用敬语;⑪普通话标准	10		
4	情景模拟	散客抵店行李服务—入住登记—离店结账	程序 ① 准确,工作流程不乱 ② 步骤颠倒酌情扣分 ③ 每有一处不得当每次扣2分,直至该项分值扣完	10		
			言语 ① 用词礼貌,符合前厅服务用语的要求 ② 不规范酌情扣分 ③ 每有一处不得当每次扣2分,直至该项分值扣完	10		
			语气 ① 柔和、给人以友好、亲切感 ② 生硬、例行公事感酌情扣分 ③ 根据语气到位程度每级扣3分,直至该项分值扣完	12		
			姿态 ① 站姿、手势符合服务姿态标准要求 ② 站姿不到位,手势不得当、不规范酌情扣分 ③ 每有一处不得当每次扣3分,直至该项分值扣完	12		
			表情 ① 真诚、自然、大方、亲切 ② 眼神平和、有交流 ③ 眼神没有交流、表情生硬、不自然酌情扣分 ④ 根据表情到位程度每级扣3分,直至该项分值扣完	12		
			微笑 ① 笑容真诚、饱满、灿烂、友好、亲切 ② 不微笑、笑容不自然、不能保持始终酌情扣分 ③ 根据微笑程度每级扣4分,直至该项分值扣完	14		
说明:评委除根据评分标准进行评定之外,还可根据选手在每个项目中所表现出的职业习惯、职业素质、职业风范酌情量分,确保分值公平、公正				合计		

饭店服务实训评分表

客房清扫考核评分表

项 目	考核要求	应得分	扣分	项 目	考核要求	应得分	扣分
仪表 仪容 仪态 (10分)	精神面貌、微笑	5		铺床 (20分)	套枕套时四角饱满,封口整齐、紧密、枕芯不外露,枕头外形平整、挺括	2	
	着装、个人卫生	2			放枕头时枕头与床两侧距离相等,枕头开口处于床头柜方向相反	2	
	姿态举止、自然度	3			放床巾时站在床尾,打开床巾,两边下垂均等	2	
敲门、等候、开锁、挂牌、登记、开空调、窗帘 (8分)	按"敲门—通报"程序进房,得体、自然,注意观察,挂牌,登记进房时间	5		洗壶具、烟灰缸 (2分)	洗净热水壶、冰壶并放回到咖啡台上,然后再洗用过的烟灰缸	2	
	开总开关,调节房间空调	2		抹家具 (8分)	用干、湿抹布从门开始,按顺序进行抹尘	8	
	拉开窗帘、窗纱	1		补充用品 (3分)	按规定及摆放要求补充卧室客用品	3	
撤房间垃圾、撤杯具、撤床上用品 (10分)	清除房间垃圾并放在布草车的垃圾袋中,顺便关掉房中各处的灯	2		带清洁桶进卫生间 (2分)	将已准备好的清洁桶从房外拿进卫生间,先在卫生间门外铺上小地毯	2	
	撤杯具,放在工作车上,杯内有水则应倒在卫生间	2		喷"三缸" (2分)	按马桶水制冲水,用清洁剂喷洒"三缸"	2	
	按枕套、被子、床单依次撤床,并抖动并检查有无夹带物品、破损、污迹、毛发等	6		撤卫生间用品 (2分)	撤用品及垃圾、"四巾"	2	
铺床 (20分)	甩单定位,床单中线不偏离床垫中心线,每偏离1cm扣1分,四角下垂匀称	5					
	包角时四个角式样、角度一致,均匀、平等、紧密	4					
	被套正面向外,被芯与被套顺序一致,四角饱满,被芯不外露,处理被口	5					

续表

项　目	考核要求	应得分	扣分	项　目	考核要求	应得分	扣分
清洁卫生间 (17 分)	清洁卫生间墙壁,水喷洗,用抹布抹干	3		补充用品 (3 分)	按规定及摆放要求补充卫生间用品	3	
	用百洁布擦面盆及大理石台面,然后冲洗干净,抹干,擦亮水龙头	3		洗抹地面 (2 分)	用专用抹布将地面洗抹干净,将清洁工具和用品拿出,放回工作车	2	
	用百洁布清洁浴缸,冲洗、抹干,将金属器件擦亮	3		吸尘 (4 分)	接通电源,打开开关,房间地面、家具底部吸尘,换挡卫生间吸尘	4	
	洗恭桶,用专用抹布擦干	3					
	擦拭面镜,使其光亮	2		观、关、登 (2 分)	关窗帘、调节空调、关门、登记	2	
	擦拭卫生间的门把手、毛巾架、手纸架、电话机等处	2		总体印象 (5 分)	操作动作优雅,不忙乱、不重复,整体效果好	5	
	用消毒剂喷洒,对"三大件"进行消毒	1					

备注:①准备就绪后,向教师示意,计时开始。②评分表总分为 100 分,采用扣分制评分。③清扫一间客房比赛时间 30 分钟,每超过一分钟(不足一分钟按一分钟计)扣 2 分。

中餐宴会摆台考核评分表

班级:_____　姓名:_____　　　完成时间:_____　　　总分:_____

项目	考核要求	应得分	扣分	项目	考核要求	应得分	扣分
仪表 仪容 仪态 (10 分)	仪态端庄、大方	3		摆餐具 (42 分)	(1) 物品不能事先摆放在托盘上;托盘最多两个(一个放口布)	2	
	表情自然、具有亲和力	4			(2) 定位:底碟距桌边 2cm,店徽图案正对客人,间距相等,骨碟放在底碟上	5	
	富有修养、有良好的职业气质、风度	3			(3) 从主人位开始按顺时针方向依次进行	2	
铺台布 (6 分)	(1) 站位准确(在主人位进行),身体不碰桌	2			(4) 味碟圆心与骨碟圆心成直线垂直于桌边,距离 1cm	5	
	(2) 台布正面朝上,中心线对准正、副主人位置,一次定位	2			(5) 汤碗、汤匙位于味碟左侧 1cm,汤匙柄向左	5	
	(3) 台布与桌腿成直线下垂,四周下垂匀称	2			(6) 将筷架摆在骨碟右上方,汤碗、味碟、筷架中心成一直线,筷子与骨碟中线平行,筷子底部与骨碟底部平齐,筷套图案向上	5	
围椅 (2 分)	(1) 从主宾位顺时针拉椅,椅子间距相等	1			(7) 牙签:牙签置于筷架的右上方,与筷架距离 1cm,并与筷架的中心在一条直线上、与筷子平行	3	
	(2) 与台布之间距 1cm	1					

续表

项目		考核要求	应得分	扣分	项目	考核要求	应得分	扣分
摆餐具 (42分)	(8)摆三杯	① 拿法：酒杯，拿下半部，不碰杯口，有杯脚的拿杯脚	3		口布折花 (15分)	(1) 种类：8种各不相同的杯花，口布放在托盘上叠，放置位置要正确	10	
		② 三杯中心成一直线，白酒杯在右，红红酒杯居中，啤酒杯在左，间距1cm，啤酒杯位于味碟正上方2cm处	5			(2) 技法：运用基础技法，花型比例合适	1	
						(3) 形象：美观、整齐、挺括、平整	1	
						(4) 卫生：不得用牙咬或用下巴夹口布	1	
		③ 三杯连线与汤碗、味碟、筷架连线平行	3			(5) 标识：能正确辨别主人位、主宾位	1	
						(6) 创意、创新花型(以减少二次污染，花型协调为佳)	1	
	(9)摆公用餐具：在主人位与副主人位前方(距啤酒杯)3cm放筷架，架上各放一副公筷、一把公勺，筷子的手持端向右，勺柄向右，勺头与筷子顶端齐平		4		花瓶 (1分)	站于主宾位右边，花瓶居中，朝向正确	1	
					托盘斟酒 (15分)	(1) 酒瓶之间不碰撞(共托 3 瓶：红 2、白 1、)，从主宾斟倒，顺序分明	3	
						(2) 托盘位置高于腰，小臂平直自然弯曲成 90°角，大臂下垂自然	1	
						(3) 托盘时上身挺直，动作平衡，姿势协调	1	
						(4) 酒瓶商标面向客人，握瓶手势正确	1	
						(5) 托盘悬位在椅子外	1	
						(6) 不斟错酒	1	
烟缸 (2分)	在主人位右上方约45°角、副主人位右上方约45°角处分别放置烟缸1个，与三杯成一线		2			(7) 瓶口不碰杯(距离约1cm左右)	1	
						(8) 均匀：白酒八分满，红酒 1／2 杯，不滴酒，滴一滴扣 1 分，不溢出，溢出一摊扣 2 分	4	
						(9) 先斟红酒，再斟白酒	1	
						(10) 斟酒顺序：从主宾开始，分别斟完一圈再斟一圈	1	
菜单 (2分)	菜单 2 份，距离骨碟2cm，底边与骨碟边沿平行，摆在主人位与副主人位左手边		2		总体印象 (5分)	(1) 整体布置：距离匀称，整齐美观	1	
						(2) 摆台程序无错误(全部摆放后每调整一次扣 0.5 分)	2	
						(3) 摆台过程轻拿轻放，餐具不倒下	1	
						(4) 卫生符合标准，拿餐具手势准确	1	

备注：①选手在比赛桌旁准备就绪后，向评委示意，计时开始。②评分表总分为100分，采用扣分制评分。③按每席十人标准考核，比赛时间25分钟，每超过一分钟(不足一分钟按一分钟计)扣1分。④考核过程中，打碎、倒翻瓶、杯一次，扣总分2分，餐具、酒具等落地一件或落地后又摆上桌子的，每次扣2分。

西餐摆台考核评分表

姓名:_____ 班级:_____ 总分:_____

项目	考 核 要 求	应得分	扣分	项目	考 核 要 求	应得分	扣分
仪表仪容仪态(10分)	仪态端庄、大方	3		摆酒杯、水杯(10分)	水杯定位(主菜刀上方 3cm),再红葡萄酒杯,后白葡萄酒杯的摆放顺序	3	
	表情自然,具有亲和力	3			位置准确,杯沿距离 1cm,三杯与桌边成 45°角	4	
	言语礼貌、富有修养	2			手拿杯位置(杯柄、下端)	3	
	有良好的气质、风度	2		口布折花(8分)	(1)种类:口布放在托盘上叠,放置位置要正确	2	
铺台布(4分)	平铺、推拉两种方式,中凸线对齐	1			(2)难度:手折 4 次以上,比例合适	2	
	四次整理成形	1			(3)形象:美观、整齐、挺括、平整	1	
	两块台布中间重叠 5cm	1			(4)卫生:不得用牙咬或用下巴夹口布	1	
	四周下垂均匀	1			(5)标识:能正确辨别主人位、主宾位	2	
拉椅定位(2分)	椅子间距相等	1		花瓶(2分)	位置准确、压中凸线、朝向正确	2	
	椅子与下垂台布距离 1cm	1		蜡烛台(6分)	位置压中凸线	2	
餐盘(5分)	从主宾位开始	1			与花瓶位置距离 20cm	2	
	位置距桌边 2cm	2			两个烛台方向一致	2	
	店标统一朝向客人,间距匀称	2		牙签盅(2分)	位置准确(距烛台 10cm)	2	
刀叉勺(9分)	右依次为主刀、鱼刀、汤勺,左依次为主叉、鱼叉、色拉叉	3(每处0.5分)		椒盐瓶(3分)	位置准确,左盐右椒	1	
	刀叉最宽处距离为 1cm,柄底与桌边距离为 2cm,鱼刀、鱼叉距桌边 5cm	3(每处0.5分)			两瓶最宽位距离 0.5cm,店标向主人、副主人	2	
	餐盘正上方 1cm 处放甜品勺,勺柄向右,甜品叉在甜品勺上方,叉柄向左,间距匀称	3(每处0.5分)		烟缸火柴(5分)	烟灰缸压中线	1	
面包盘、刀(6分)	先摆面包盘,再黄油刀,后黄油碟的摆放顺序	3(每处0.5分)			烟缸方向一致,店标朝向主人、副主人	1	
	面包盘与餐盘圆心连线与桌边平行,距色拉叉 1cm	3(每处0.5分)			与椒盐瓶距离 2cm	1	
刀、黄油碟(5分)	黄油刀在面包盘右 1/3 处	2(每处0.5分)			火柴在烟缸上方外侧,商标向上,朝向客人	2	
	黄油碟圆心正对黄油刀刀尖	3(每处0.5分)		斟酒水(15分)	斟酒顺序正确:水、白葡萄酒、红葡萄酒	1	

续表

项目	考核要求	应得分	扣分	项目	考核要求	应得分	扣分
斟酒水 (15 分)	从主宾位开始顺时针进行	1		总体印象 (8 分)	整体效果匀称、整齐、美观	3	
	持瓶手势正确	1			摆台程序无错误	1	
	倒酒手势正确,酒标朝向客人	1			摆台过程餐具轻拿轻放,手势准确	2	
	三种饮品分别斟完一圈再斟一圈	1			卫生符合要求、餐具不倒	2	
	酒水分量控制:水杯八分满、红葡萄酒 1/2 杯、白葡萄酒 2/3 杯	6		合　计			
	倒酒时,每滴 1 滴扣 1 分,溢出一摊扣 2 分	4					

备注:①评分表总分为 100 分,采用扣分制评分。②全部操作时间 15 分钟,每超过 1 分钟(不足 1 分钟按 1 分钟计)从总分中扣 1 分。③操作过程中,打碎、倒翻瓶、杯一次,扣总分 2 分,餐具、酒具等落地一件或落地后又摆上桌子的,每次扣总分 2 分。

艺术插花考核评分表

班级:＿＿＿＿＿＿＿　　　　姓名:＿＿＿＿＿＿＿　　　　得分:＿＿＿＿＿＿＿

序号	项　目	考核要点	配分	评分	评分标准及扣分
1	仪容仪表准备工作	着装得体、端庄大方	2		准备工作不完善扣 2 分;仪容仪表符合职业要求,每有一处不得当扣 1 分
		表情自然、面带微笑	2		
		动作娴熟、优雅	4		
		工具配备	2		
2	造型构成	造型符合设计	10		造型结构合理,美观大方 25 分;稳定安全 9 分。造型呆板扣 5 分;比例失调扣 6 分;立体效果差扣 3 分;摇晃易倒扣 1 分
		造型美观、比例适中	10		
		结构协调	7		
		稳定坚实	7		
3	制作技巧	花材插入位置合理,插入花泥深度合理	7		技术熟练,操作规范,27 分。花材插入花器位置不合理扣 4 分;插入花泥深度不够扣 3 分;花材加工不当扣 4 分;焦点位不佳扣 5 分
		花材的加工	10		
		焦点位的明确	10		
4	色彩配置	色彩搭配和谐、美观	15		配置得当,15 分。配色混乱扣 5 分;配色失衡扣 3 分

续表

序号	项 目	考 核 要 点	配分	评分	评分标准及扣分
5	掩盖处理	背部修饰、花泥掩盖	8		花篮完整,掩饰人工痕迹,8分。未修饰扣2分;花泥裸露扣2分
6	清洁场地	作品完成后清洁场地,无污物、无水渍	6		整理干净6分。未整理扣6分;有污物扣2分;有水渍扣2分

酒水调制考核评分标准

班级:_____　　　　姓名:_____　　　　得分:_____

评分项目	标准及要求	分值	得分
准备	(1) 着职业服装,仪容仪表符合要求 (2) 按正规调酒顺序先将所需酒水准备出来,放在工作台上 (3) 把所用调酒器具,酒杯依次放于工作台上 (4) 每有一处不得当扣2分,直至该项分值扣完	10	
操作	(1) 操作规范、手法卫生 (2) 调酒时,先加冰块,然后放辅料,最后放基酒 (3) 调酒时动作自然优美、潇洒流畅,表情自然收尾自然,无反弹动作,每细节处扣2分 (4) 调制好酒后,先将酒瓶放回原处,再将调酒壶清洗干净并清理好台面 (5) 整个过程规定时间为5分钟,每超过30秒扣1分,最多扣3分 (6) 操作中摇酒器,摇翻掉地每次扣4分 (7) 调酒时每忘记一种原料扣10分 (8) 斟酒量适宜(1/8~1/9之间),低于1/8扣2分;溢出一滴扣2分;溢出一摊扣5分 (9) 调酒时有手拿杯口、搓手、挠头等不卫生习惯扣2分	40	
装饰	(1) 装饰物选用得当,搭配和谐,立意明确,富有美感 (2) 切割规范、操作得当、手法卫生 (3) 每有一处不当扣2分	10	
介绍酒水	(1) 介绍酒水特点时表述清晰、准确,有一定的语言组织能力,语气柔和、举止大方得体 (2) 自然、有亲和力、眼神平和、有交流 (3) 每有一处不得当扣2分	10	
色泽口味	(1) 口味与酒水特点相吻合,无杂味,口感清爽,颜色和谐 (2) 酒水颜色暗淡浑浊扣2分,口味偏差大扣3分	20	
总体印象	在整个调酒过程中,能够体现出良好的职业习惯职业素养、能够体现调酒师的职业风范	10	

评分说明:
(1) 每位选手调制两杯鸡尾酒,全过程时间5分钟。
(2) 指定调制红粉佳人。
(3) 三选一自由调制(干曼哈顿、彩虹、椰林飘香)。

绿茶冲泡考核评分表

班级：_____ 姓名：_____ 得分：_____

序号	测试内容	得 分 标 准	应得分	扣分	实得分
1	备具	物品准备齐全,摆放整齐,具有美感,便于操作,每有不当之处扣1分	10		
2	赏茶	取茶动作轻缓,不掉渣,语言介绍生动、简洁,每有不当之处扣1分	10		
3	洗杯	水量均匀,逆时针回旋,每有不当之处扣1分	10		
4	置茶	选择合适的投茶方式,投茶量把握正确,每有不当之处扣1分	10		
5	温润泡	注水量均匀,水流沿杯壁下落,润茶的动作美观,每有不当之处扣1分	20		
6	冲水	凤凰三点头,水流不断,水量控制均匀,每有不当之处扣1分	20		
7	奉茶	双手奉出,不碰杯口,使用礼貌用语,每有不当之处扣1分	10		
8	收具	续水及时,茶具摆放整齐,每有不当之处扣1分	10		
合　　计			100		

红茶冲泡考核评表

班级：_____ 姓名：_____ 得分：_____

序号	测试内容	得 分 标 准	应得分	扣分	实得分
1	备具	物品准备齐全,摆放整齐,具有美感,便于操作,每有不当之处扣1分	10		
2	赏茶	动作美观,解说正确,每有不当之处扣1分	10		
3	置茶	投茶量把握正确,每有不当之处扣1分	10		
4	润茶	动作美观,台面清洁,每有不当之处扣1分	10		

序号	测试内容	得 分 标 准	应得分	扣分	实得分
5	冲泡	动作美观,水温合适,台面清洁,每有不当之处扣1分	10		
6	温杯	动作美观,擦拭干净,每有不当之处扣1分	10		
7	出汤	时间把握准确,每有不当之处扣1分	10		
8	分茶	分茶量均匀,每有不当之处扣1分	10		
9	奉茶	双手捧杯,礼节到位,每有不当之处扣1分	10		
10	收具	茶具摆放整齐,每有不当之处扣1分	10		
合　计			100		

花茶冲泡考核评分表

班级:_____　　　　姓名:_____　　　　得分:_____

序号	测试内容	得 分 标 准	应得分	扣分	实得分
1	备具	物品准备齐全,摆放整齐,具有美感,便于操作,每有不当之处扣1分	10		
2	赏茶	取茶动作轻缓,不掉渣,语言介绍生动,简洁,每有不当之处扣1分	10		
3	温杯	动作美观,翻杯盖无声响,逆时针回旋,每有不当之处扣1分	10		
4	置茶	投茶量把握正确,每有不当之处扣1分	10		
5	润茶	注水量均匀,水流沿杯壁下落,润茶的动作美观,每有不当之处扣1分	10		
6	冲水	高冲水,水流不间断,水量控制均匀,每有不当之处扣1分	10		
7	奉茶	双手奉出,不碰杯口,使用礼貌用语,每有不当之处扣1分	10		
8	闻香	右手持杯盖,动作美观,每有不当之处扣1分	10		
9	品茶	双手捧杯,品饮不露齿,每有不当之处扣1分	10		
10	收具	茶具摆放整齐,每有不当之处扣1分	10		
合　计			100		

闽式小壶乌龙点茶法考核评分表

班级：_____   姓名：_____   得分：_____

序 号	测试内容	得 分 标 准	应 得 分	扣 分	实 得 分
1	布具	物品准备齐全,摆放整齐,具有美感,便于操作,每有不当之处扣1分	10		
2	温杯	动作美观,翻杯无声响,每有不当之处扣1分	20		
3	投茶	投茶量把握正确,每有不当之处扣1分	10		
4	冲水	高冲水,水流不间断,不外溅,每有不当之处扣1分	20		
5	分茶	茶汤量均匀,七分满,每有不当之处扣1分	10		
6	奉茶	双手奉出,不碰杯口,使用礼貌用语,每有不当之处扣1分	10		
7	品茶	手法正确,品饮得当,每有不当之处扣1分	10		
8	收具	茶具摆放整齐,每有不当之处扣1分	10		
合　计			100		

潮州工夫茶泡法考核评分表

班级：_____   姓名：_____   得分：_____

序 号	测试内容	得 分 标 准	应 得 分	扣 分	实 得 分
1	备具	物品准备齐全,摆放整齐,具有美感,便于操作,每有不当之处扣1分	10		
2	洗杯	动作美观,逆时针回旋,每有不当之处扣1分	10		
3	落茶	投茶量把握正确,每有不当之处扣1分	10		
4	温润泡	注水量均匀,水流沿杯壁下落,润茶的动作美观,每有不当之处扣1分	10		
5	冲茶	高冲水,水流不间断,水量控制均匀,每有不当之处扣1分	10		
6	巡茶	手法正确,分量均匀,每有不当之处扣1分	10		

续表

序 号	测 试 内 容	得 分 标 准	应得分	扣 分	实得分
7	点茶	手法正确,汤色均匀,每有不当之处扣1分	10		
8	奉茶	双手奉出,不碰杯口,使用礼貌用语,每有不当之处扣1分	10		
9	品茶	三龙护鼎,用心品味,每有不当之处扣1分	10		
10	收具	茶具摆放整齐,每有不当之处扣1分	10		
合　计			100		

台式工夫茶泡法考核评分表

班级:_____　　　　　姓名:_____　　　　　得分:_____

序 号	测 试 内 容	得 分 标 准	应得分	扣 分	实得分
1	备具	物品准备齐全,摆放整齐,具有美感,便于操作,每有不当之处扣1分	10		
2	温壶	动作美观,顺序正确,无水洒到台面,每有不当之处扣1分	10		
3	置茶	投茶量把握正确,每有不当之处扣1分	10		
4	洗茶	动作美观、迅速,茶叶不外流,每有不当之处扣1分	10		
5	烫杯	动作美观、连贯,每有不当之处扣1分	10		
6	冲水	高冲水,水流不间断,动作美观,每有不当之处扣1分	10		
7	淋壶	逆时针悬壶冲水,每有不当之处扣1分	10		
8	投汤奉茶	分量均匀,台面干净;双手奉出,不碰杯口,使用礼貌用语,每有不当之处扣1分	10		
9	闻香、品茶	用闻香杯品闻茶香,三龙护鼎,用心品味,每有不当之处扣1分	10		
10	收具	茶具摆放整齐,每有不当之处扣1分	10		
合　计			100		

普洱茶冲泡考核评分表

班级：_____　　　姓名：_____　　　　得分：_____

序　号	测试内容	得 分 标 准	应得分	扣　分	实得分
1	备具	物品准备齐全，摆放整齐，具有美感，便于操作，每有不当之处扣 1 分	10		
2	温杯	动作规范，水不外溅，每有不当之处扣 1 分	10		
3	置茶	投茶量把握正确，每有不当之处扣 1 分	10		
4	润茶	动作美观，台面清洁，每有不当之处扣 1 分	10		
5	冲泡	动作美观，水温合适，台面清洁，每有不当之处扣 1 分	10		
6	淋壶	动作美观，每有不当之处扣 1 分	10		
7	出汤	时间把握准确，每有不当之处扣 1 分	10		
8	分茶	分茶量均匀，每有不当之处扣 1 分	10		
9	奉茶	双手捧杯，礼节到位，每有不当之处扣 1 分	10		
10	收具	茶具摆放整齐，每有不当之处扣 1 分	10		
合　计			100		

茶艺职业技能考核（规定茶艺）评分表

班级：_____　　　姓名：_____　　　　得分：_____

序号	项目	分值（%）	要求和评分标准	扣 分 标 准	扣分	得分
1	礼仪仪表仪容（20分）	5	发型、服饰与茶艺表演类型相协调	(1) 发型散乱，扣 0.5 分 (2) 服饰穿着不端正，扣 0.5 分 (3) 发型、服饰与茶艺表演类型不相协调，扣 1 分		
		5	形象自然、得体，高雅；表演中用语得当；表情自然，具有亲和力	(1) 视线不集中，表情平淡，扣 0.5 分 (2) 目低视，表情不自如，扣 0.5 分 (3) 说话举止略显惊慌，扣 1 分 (4) 不注重礼貌用语，扣 1 分		
		10	动作、手势、站姿大方、优雅	(1) 站姿、走姿摇摆，扣 1 分 (2) 坐姿不正，双腿张开，扣 3 分 (3) 手势中有明显多余动作，扣 1 分		

续表

序号	项目	分值(%)	要求和评分标准	扣 分 标 准	扣分	得分
2	茶席布置(10分)	5	茶器具之间功能协调、质地、形状、色彩调和	(1) 茶具配套不齐全,或有多余的茶具,扣 3 分 (2) 茶具色彩不够协调,扣 1 分 (3) 茶具之间质地、形状大小不一,扣 2 分		
		5	茶器具布置与排列有序、合理	(1) 茶席布置不协调,扣 1 分 (2) 茶具配套齐全,茶具、茶席相协调,欠艺术感,扣 0.5 分		
3	茶艺表演(40分)	5	根据主题配置音乐,具有较强艺术感染力	(1) 音乐与主题不协调,扣 1 分 (2) 音乐与主题基本一致,欠艺术感染力,扣 0.5 分		
		10	冲泡程序契合茶理,投茶量适用,水温、冲水量及时间把握合理	(1) 冲泡程序不符合茶理,顺序混乱,扣 2 分 (2) 未能正确选择所需茶叶、配料,扣 1 分 (3) 选择水温与茶叶不相符合,过高或过低,扣 1 分 (4) 冲水量过多或太少,扣 1 分 (5) 各杯中茶水有明显差距,扣 1 分		
		15	操作动作适度,手法连绵、轻柔,顺畅,过程完整	(1) 未能连续完成,中断或出错三次以上,扣 2 分 (2) 能基本顺利完成,中断或出错两次以下,扣 1 分 (3) 表演技艺平淡,缺乏表情及艺术品位,扣 1 分 (4) 表演尚显艺术感,艺术品位平淡,扣 1 分		
		5	奉茶姿态、姿势自然,言辞恰当	(1) 奉茶姿态不端正,扣 1 分 (2) 奉茶次序混乱,扣 1 分 (3) 脚步混乱,扣 1 分 (4) 不注重礼貌用语,扣 1 分 (5) 收回茶具次序混乱,扣 1 分		
		5	收具	(1) 收具顺序混乱,茶具摆放不合理,扣 1 分 (2) 离开表演台时,走姿不端正,扣 1 分		
4	茶汤质量(25分)	15	茶色、香、味、形表达充分	(1) 未能表达出茶色、香、味、形,扣 3 分 (2) 能表达出茶色、香、味、形其一者,扣 2 分 (3) 能表达出茶色、香、味、形其二者,扣 1 分		
		5	奉客人茶汤应温度适宜	(1) 茶汤温度过高或过低,扣 2 分 (2) 茶汤温度与较适宜饮用温度相差不大,扣 1 分		
		5	茶汤适量	(1) 茶量过多,溢出茶杯杯沿,扣 1 分 (2) 茶量偏少,扣 0.5 分		
5	时间(5分)	5	在 15 分钟内完成茶艺表演,超时扣分	(1) 表演超过规定时间 1~3 分钟,扣 1 分 (2) 表演超过规定时间 3~5 分钟,扣 2 分 (3) 表演超过规定时间 5~10 分钟,扣 3 分 (4) 表演超过规定时间 10 分钟,扣 5 分		

参 考 文 献

1. 王琦. 旅游实用礼仪. 北京:清华大学出版社,2011
2. 徐克茹. 商务礼仪标准培训(第二版). 北京:中国旅游出版社,2010
3. 金正昆. 商务礼仪教程. 第二版. 北京:中国人民大学出版社,2005
4. 于英丽. 前厅客房服务技能实训教程. 大连:东北财经大学出版社,2006
5. 杨小鹏. 白天鹅宾馆管理实务. 广东旅游出版社,2006
6. 劳动和社会保障办. 前厅服务员. 北京:中国劳动社会保障出版社,2005
7. 毛江海,贾海芝等. 前厅服务与管理. 南京:东南大学出版社,2007
8. 唐志国. 饭店服务实训教程. 济南:山东大学出版社,2011
9. 张小芳. 饭店插花艺术. 杭州:杭州出版社,2008
10. 郭敏文,樊平. 餐饮服务与管理. 北京:高等教育出版社,2006
11. 上海市职业培训研究发展中心. 调酒师. 北京:中国劳动社会保障出版社,2010
12. 严明明. 饭店插花艺术(第二版). 北京:高等教育出版社,2010
13. 旅游行业培训教材研发中心. 现代酒店服务技能. 北京:旅游教育出版社,2006
14. 刘秀珍,陈的非. 餐饮服务与管理. 北京:中国轻工业出版社,2011
15. 贺正柏,祝红文.酒水知识与酒吧管理(第二版). 北京:旅游教育出版社,2009
16. 吴梅.前厅服务与管理.北京:高等教育出版社,2006

参考网站
1. http://www.facz888.com
2. http://www.axcn.com.cn
3. http://www.purertea.cn
4. http://www.yahtour.com